SaaS
企业持续增长
策略与落地

曾春梅 —— 著

清华大学出版社
北京

内 容 简 介

本书从行业特点、增长方式、市场策略及落地、组织结构等多个方面全面介绍行业特性，并提供与营销结合的增长模式，讲述如何专业、有效、快速地实现市场增长。本书紧紧围绕 SaaS 增长中的关键问题，总结了"双螺旋营销"的增长模式，书中后半部分介绍的增长模式也是目前行业中众多企业正在加速实践的增长模式。

本书逻辑缜密，在内容方面采用系统规划、前沿案例，语言表达生动，适用于所有致力于企业业绩增长的职场人士。

图书在版编目 (CIP) 数据

SaaS 企业持续增长策略与落地 / 曾春梅著 . —北京：清华大学出版社，2024.2
ISBN 978-7-302-64576-4

Ⅰ . ① S… Ⅱ . ①曾… Ⅲ . ①企业管理—应用软件 Ⅳ . ① F272.7-39

中国国家版本馆 CIP 数据核字 (2023) 第 180123 号

责任编辑：付潭娇
装帧设计：方加青
责任校对：王荣静
责任印制：刘海龙

出版发行：清华大学出版社
　　　　　网　　　址：https://www.tup.com.cn，https://www.wqxuetang.com
　　　　　地　　　址：北京清华大学学研大厦 A 座　　　　　邮　　编：100084
　　　　　社 总 机：010-83470000　　　　　　　　　　　邮　　购：010-62786544
　　　　　投稿与读者服务：010-62776969，c-service@tup.tsinghua.edu.cn
　　　　　质 量 反 馈：010-62772015，zhiliang@tup.tsinghua.edu.cn
印 装 者：三河市天利华印刷装订有限公司
经　　销：全国新华书店
开　　本：170mm×240mm　　　印　　张：13　　　字　　数：192 千字
版　　次：2024 年 2 月第 1 版　　　印　　次：2024 年 2 月第 1 次印刷
定　　价：69.00 元

产品编号：101852-01

　　绝大多数软件运营服务（software as a service，SaaS）企业在产品和市场达到最佳契合点（product market fit，PMF）和快速成长期 1~2 年后基本上会进入增长疲乏甚至倒退的阶段。怎样通过新的增长方式落地实现第二曲线式增长已成为众多企业的增长痛点。

　　回顾我国 SaaS 发展的这几十年来，传统的 SaaS 营销模式一直未能发生改变。众所周知，SaaS 销售基本上有两种模式——传统软件式和订阅式，而国内市场的 SaaS 企业 95% 以上用的都是传统销售模式。

　　传统销售模式一般都遵循"二八法则"，即 20% 的大单就可以带来企业的高速增长，20% 的销售精英就能支撑企业的全部业绩。这也是目前市场的 SaaS 企业基本上都会在最后通过商务流程外包（business process outsourcing，BPO）、私有化部署、定制化需求等战略客户大单支撑业绩的主要原因。实际上这样的策略在执行过程中不仅难度大，而且收效甚微，甚至会出现各类管理漏洞，这也就导致企业没有办法实现规模化扩张，很多初创企业很难拿到 B 轮之后的融资也是因为这个原因。毕竟，无法规模化就意味着无法成长为"独角兽"。

　　笔者从乙方代理转行进入金融科技开始，从事市场营销工作已有十余年，可以算作伴随着 SaaS 在我国本土化的第一批市场从业人员，所以根据自己十余年的市场工作经验，从实际角度剖析自执行到策略、战略，再到商业模式，条分缕析不同的增长洞察和增长方法论，撰写了本书。

　　在本书中，笔者将用自身的执行经验告诉所有 SaaS 从业者如何设计

SaaS 企业的市场增长模式、如何测算不同阶段的运营成本（包括流程设计、数据来源及分析，以及市场定位、市场策略，甚至与之对应的组织架构和文化）、如何决定获什么样的"客"、如何决定赢什么样的"单"、如何让客户黏性更高并成为企业的"粉丝"和给企业带来更多的收入、如何用对的内容在对的阶段吸引对的客户，以及如何配合业务使用合适的营销自动化技术。

本书笔者将 To C 及 SaaS 市场营销模式结合起来，创造性地将直接触达消费者的品牌模式（direct to consumer，DTC）复用于 SaaS 市场营销，形成一整套实践方法。从具体执行的角度，首先笔者将站在战略高度对每个环节做设计，然后用培训和教练的方式将设计转化成战术，迅速落地固化。因此，读者可以把这本书看作一段企业提升"内功"的旅程，每一个环节都有可能是一种新的成功。

综合国内外风投和著名市场调研公司的数据可以看到，国内外的 SaaS 其实存在着明显的不同：海外市场明显比中国市场更成熟，不仅需要市场从业人员具备较高的专业素质，还需要研究人员能够持续探索符合 SaaS 本土化的营销方法论。而本书将以此为目的，尝试用常规增长模式探索一条新的 SaaS 企业市场增长之路。

作为本书的策划方，识干家图书希望这本书给各位读者带来的不仅是知识，还有对未来深刻的理解。同时，也特别感谢清华大学出版社编辑团队为本书所付出的努力。

作　者

2023 年 3 月

目录

第一章　了解 SaaS

·第一节·

国内外 SaaS 概况

一、SaaS的基础认知

　　SaaS 不同于传统的软件，因此本书在开篇先简单地介绍一下 SaaS。SaaS 起源于云服务，云服务分为三个层级，即基础设施、平台和软件，如图 1-1 所示。SaaS 是软件运营服务（software as a service）的简称，是进入 21 世纪以来 Salesforce 公司开发的一种新的软件应用形式，它与按需软件、应用服务提供商（application service provider，ASP）、托管软件具有相似的含义。

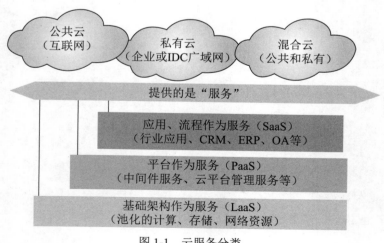

图 1-1　云服务分类

（一）基本概念

SaaS 模式是一种订阅模式，即客户可以根据自己的实际需求，通过互联网在线向厂商订阅自己需要的应用软件服务，按定购的服务多少和时间长短向厂商支付费用，并通过互联网获得厂商提供的服务。根据服务客户的范围通常可将 SaaS 分为两种：通用型 SaaS 及行业垂直型 SaaS，如图 1-2 所示。通用型 SaaS 不区分服务客户的行业，包括客户关系管理（customer relationship management，CRM）、人力资源管理（human resource management，HRM）、协同 OA、企业资源计划（enterprise resource planning，ERP）等；行业垂直型 SaaS 仅针对特定行业提供服务，如金融领域等。

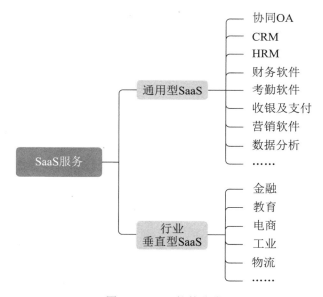

图 1-2　SaaS 软件分类

SaaS 公司主要以向企业客户提供软件服务并收取客户的订阅费用作为主要的收入来源，主要分为两种：一种是采用永久许可证形式，另一种是采用常见的订阅付费模式，即 SaaS 厂商向客户提供产品或服务，客户按月或按年支付费用，一般是预付一年的费用，到期之后可续订。

（二）SaaS 的发展周期

一般来说，SaaS 企业要经历三个不同的增长时期。

生存期：企业经营成本大于营业收入，需要有较大的客户规模才能分摊这些成本。这个时期企业以融资投入为主。

成长期：企业通过市场和销售手段不断扩大客户规模并通过运营积累付费客户，持续提升客户留存率和续费率。这时企业预期收入大量增加，递延收入使得企业现金流为正，企业资金进一步扩张。

爆发期：当企业付费客户积累到一定规模，大量老客户的持续续费将摊薄企业每年的平均获客成本，即客户终身价值大于用户获取成本时，企业开始盈利并随着客户获取成本的持续降低，利润水平不断提升，进入盈利爆发期。

二、国外SaaS概况

美国是 SaaS 市场起步最早、发展最快的国家之一。作为先行者，美国 SaaS 企业已占据市场主导地位。2017 年，美国云计算市场占据全球 59.3% 的市场份额；欧洲作为云计算市场的重要组成部分，以英国、德国、法国等为代表的西欧国家占据了 18.1% 的市场份额；同年，日本云计算市场全球占比 3.6%，增速为 11.8%；而同期我国市场所占份额仅为 6%。近几年，随着数字新基建概念的提出和一系列政策引导，我国 SaaS 呈快速上升趋势。

从 Salesforce 公司一枝独秀到各细分领域百花齐放，美国企业级 SaaS 行业已经历了十几年的发展，逐步走向成熟和稳定。从企业普及率、SaaS 产品发展方向、产品及特点等维度分析，国外 SaaS 的发展大体分为四个阶段，如图 1-3 所示。

海外SaaS产业发展的4个主要阶段（1999年至今）

1999—2006年 萌芽期：各细分SaaS企业纷纷成立，探索产业未来发展方向	2006—2010年 扩张期：企业对降本增效的需求增大，SaaS模式得到快速推广	2010—2016年 深化期：各细分赛道SaaS逐步成熟，产品向深入化和定制化方向发展，满足客户深层次需求	2016年至今 整合期：SaaS龙头企业凭借行业地位和优势开始外延并购

图 1-3　国外 SaaS 的发展阶段

萌芽期（1999—2006 年）。云计算最早起源于美国。1999 年 Salesforce 公司在旧金山成立标志着 SaaS 行业的诞生，自此，各类细分 SaaS 企业纷纷成立。在这个阶段，SaaS 场景主要面向通用领域，其扩展重心聚焦在新模式的经济性和易用性上。它们通过标准化的交付模式、更快的上手速度，以及与业务量匹配的收费模式开拓原始客户。互联网、电子游戏类的科技企业及中小企业成为 SaaS 模式的先行者，通用领域的云服务率先发展并以此为主。

扩张期（2006—2010 年）。这个阶段大体分为两段：首先，平台即服务（platform as a service，PaaS）模式的出现为 SaaS 企业的发展提供了应用平台，这一时期虚拟化、分布式计算等云计算所需的基础技术不断完善。微软、IBM、亚马逊等巨头开始布局云计算产业，各细分领域的企业开始涌现。SaaS 产品形态逐步过渡到 2.0 时代，产品向可定制的综合解决方案逐步演进。其次，SaaS 生态逐步形成，头部企业通过 PaaS 平台构建应用商店，整合大量独立软件开发商（independent software vendors，ISV），搭建初步的生态系统并推动商业模式的丰富和升级。大量的企业开始使用 SaaS 产品。新领域的企业级 SaaS 产品大量出现。许多 SaaS 公司相继上市，市场进入向上的拐点。

深化期（2010—2016 年）。这一时期各细分赛道逐步成熟，产品向深入化和定制化方向发展，SaaS 公司以向企业提供一整套解决方案为目标，从原来的"产品提供方"向"平台提供方"迈进，以满足客户的深层次需要，并提升留客率与单客户价值。同时，也不乏创业公司从新模式、新领域切入并快速打开局面。SaaS 行业逐步走向百花齐放的局面。

整合期（2016 年至今）。以 Salesforce 公司为例，该公司基于 CRM 进行外延并购和扩展，使市场份额向龙头企业集中。在市场充分竞争下，具备技术、商业模式等优势企业纷纷脱颖而出，行业规范进一步标准化、产品形态进一步演进，企业衔接上下游资源，实现了产业信息技术生态系统化。企业专注于创新，利用移动化、数据资产化等新趋势为行业带来新的机会，促进服务模式的升级，使 SaaS 软件更深入地影响客户企业的管理流程，并通过数据分析和交易撮合为客户企业带来增量业务。在此阶段，Zenefits、Slack 等新兴公司快速崛起。新技术、新模式持续驱动产业向前发展。

从 SaaS 的发展过程大致可以总结出以下几个特征。

（1）技术路径：从承载单一功能的软件和方案向客户业务导向的综合方案演进。

（2）产品形态：通用模块先行，并逐步向行业垂直模块扩展。

（3）竞争格局：非一家独大，而是百花齐放，格局分散。

因此，可以认为 SaaS 企业的核心竞争力应该是客户需求导向的产品能力和服务能力、线下渠道推广能力，以及产业纵向资源整合能力。

当前，全球 SaaS 行业趋于成熟（除我国外），其中，欧美 SaaS 行业收入占到全球 80% 以上，是推动 SaaS 行业成长的"生力军"。各细分领域的发展为各类 SaaS 服务提供商提供生存空间，而相关领域的众多企业高速发展反映了 SaaS 行业规模在不断扩大，以及技术和商业模式驱动下客户需求在不断升级。笔者认为，SaaS 中国化应在参考国外发展路径的同时保持中国特色。

三、国内SaaS概况

SaaS 已发展了将近 30 年，而在国内市场，SaaS 仅发展了 20 年左右。实际上，我国 SaaS 的发展除了受国际市场的影响外，还与传统软件的回暖和变革分不开。2015 年前后，随着企服软件市场回暖，以 ERP 为代表的企服软件增速超过 12%，排名前四位的厂商在我国 ERP 市场份额合计超过 68%（图 1-4）。这一年也被行业从业者称为"SaaS 元年"。

图 1-4　我国 SaaS 市场规模

目前，我国的 SaaS 已经进入百花齐放、百家争鸣的状态。CRM、人力资本管理（human capital management，HCM）、金融 SaaS 等各类型 SaaS 普遍都具备良好的增长态势（表 1-1）。

表 1-1　我国 SaaS 类型和特点

类别	市场规模/亿元	复合增速/%	国产化率/%	主　要　表　现
CRM	96	30	70	在产品顶层设计、框架设计、技术架构平台及在客户全生命周期运营理念方面与国外存在差距
移动办公	271	12.4		按照产品功能主要分为：即时通信、协同文档、视频/云视频会议、协同办公及任务管理五大类
HCM	22	42		增速领跑 SaaS 市场，我国是 SaaS 市场中最有潜力的，本土 HCMSaaS 厂商更具竞争优势；我国本土HCMSaaS 供应商（以北森、金蝶、用友为代表）的增长速度快于跨国公司（以 SAP 和 Oracle 为代表）
信息技术运营管理	103	12		我国信息技术运营管理（information technology operations management，ITOM）产业正迎来结构性变革。当前传统行业数字化转型进程加速，全国数字经济规模将持续扩大，传统运维将被智能运维大规模替代。但是 IT 链条各环节的服务商均有可能进入应用性能管理市场，市场参与者逐渐增多 国内应用性能管理（application performance management，APM）市场规模已达 10 亿元级，应用领域从互联网行业为主扩散至金融、制造、能源等领域，有效提升开发和运营人员的工作效率 APM 厂商中，Dynatrace、AppDynamics 等国外产品在外企中应用较多，国内厂商实力较强的包括博睿、高升等

类别	市场规模 / 亿元	复合增速 /%	国产化率 /%	主 要 表 现
金融 SaaS	236	49.6		该市场主要分为零售银行、支付清算、信贷融资、资产和财富管理、保险科技、监管科技 6 个赛道。主要的市场参与者包括两大类：①互联网厂商，如阿里巴巴、腾讯、百度、京东、数科等；②上市公司，如中科软、宇信科技、南天信息等
工具 SaaS	2 100	15 ～ 20		工具 SaaS 重点关注"数字内容制作软件"和"工业软件"。国外数字内容制作软件成熟度已经非常高，但工业软件成熟度仍处于较低阶段，且该领域市场空间极大。由于工业软件的重度应用属性，SaaS 化转型比较慢，但转换空间在千亿元级，空间非常大。从工业软件细分市场看，主要包括 PLM（27%）、BIM（14%）、CAD（14%）、EDA（13%）、CAM（11%）等细分市场

从市场增量预测，我国各 SaaS 细分赛道市场规模仍有巨大的增长空间。在各细分赛道中，云协作、CRM、电商 SaaS 领域的"实际市场规模"占比较高，HCM、IT 服务管理（IT service management，ITSM）、ERP 领域的成长潜力较大。

时间倒挂的唯一结果表现在行业渗透率不足上。2020 年，美国 SaaS 的渗透率是 73%，而我国这一数值仅为 15.3%，两者的差距超过 50%。数字的差距实际上体现了行业普遍的焦虑感，主要表现在以下几点。

（1）行业和产品形态较为集中。

（2）从业人员的知识储备不足，业内很难找到同时熟知技术与业务的人，SaaS 厂商领导往往也只偏重一方。

（3）客户购买和持续使用的意愿不足，需求个性化情况严重。

（4）辅助客户落地的成本高，客户流失率和续费率都堪忧，导致企业很难达到盈亏平衡的状态。

尽管我国 SaaS 起步较晚，但是国内行业和美国的差距正在逐步缩小，2020 年两国产业之间的营收差距已经从 27.9 倍缩小到 7.7 倍，风险投资（venture capital，VC）的回报率更是反超美国（美国是 178%，我国是 224%）。

·第二节·

数字化转型背景下 SaaS 企业产业链分析

众所周知，SaaS 可以被用来改善企业业务流程，实现企业的增收、降本、提效。SaaS 的客户是企业，占领企业"心智"的难度其实比占领个人用户"心智"的难度要高得多。企业决策周期长、落地难度大，加上 SaaS 如果缺乏成熟的客户（企业）运营思路，那么企业的客户流失率就会居高不下，所以在国内市场上 SaaS 几乎很少盈利，基本上可以看作"普惠"生意。主要表现在以下方面。

（1）企业信息化成本降低。SaaS 诞生之前，企业使用软件成本高昂，SaaS 借助云计算的便利直接降低成本，使企业可以从中受益。

（2）企业经营思路的改变。SaaS 的使用者多数为中小微企业，可以借助软件学习先进的管理经验。

（3）企业优秀经验的复用。例如，通用型软件聚合了某类场景下解决问题的方法，这些方法可以被应用在类似的企业。

实际上，伴随着我国《"十四五"数字经济发展规划》的提出，软件行业，特别是 SaaS 行业将迎来更为广阔的发展空间。时代推动着行业不断向前，那么往分析产业链格局方面入手就能够精准地找到市场，从而为 SaaS 企业的定位寻找合适的突破口。毕其功于一役，产业链对了解产品和预估未来市场发展具有很好的借鉴价值。

那么 SaaS 的产业链到底如何构成？与其他行业一样，SaaS 产业链主要包括上、中、下游及终端四个环节。

一、上游技术服务商

SaaS 是一种云服务，服务商需要采购云服务并编程开发才能向客户交付软件服务。前者需要云服务技术方 (infrastructure as a service, IaaS), 后者需要 PaaS。

IaaS 与 SaaS 的关系就如同电与电视机一般。没有电, 电视机就无法工作, 而有了随处可用的、充足的电, 电视机就可以做得尺寸更大, 质量更轻, 也可以随时被使用。所以作为基础设置, 只有 Iaas 足够稳定且强大, 才能让 SaaS 流畅运行。

PaaS 和 IaaS 一样, 解决的也是研发效率的问题。如果说 IaaS 是搭好房屋的钢筋水泥, 那么 PaaS 就是铺好了的地砖墙面, 只等着 SaaS 最后入场, 根据客户的需求把房间改造成不同家庭各自喜欢的样子。

在 Iaas 领域, 我国与美国的差距依然很明显, 主要表现在市场规模、占比及产业成熟度方面。美国占全球 40% 的市场, 而我国 SaaS 市场占有率仅为 13.6%。并且, 我国的公有云 SaaS 30% 占比明显低于全球 60% 的占比。

二、中游生产方

美国 SaaS 公司差异化显著, 每家公司的切入点各有不同, 因此造就了众多细分领域。这些细分领域众多, 为各类型 SaaS 服务商提供了广阔的生存空间, 而 SaaS 服务商众多则反映了 SaaS 行业规模的不断扩大, 以及在技术和商业模式驱动下客户需求的不断升级。同时, 百花齐放的市场更催生了 Zapier 这类专注做 "连接器" 的公司。

而在我国 SaaS 发展的这十余年, SaaS 服务行业仍然聚焦在五大领域, 如图 1-5 所示, 这些领域中的赛道仍然有较高的重复度。这种 "扎堆挤" 的现象, 笔者曾经在社会化客户关系管理 (social customer relationship management, SCRM) 领域亲历过。随着我国经济从快车道进入稳步发展时期, 再加上微信使用人数节节攀登, 不少企业从内部管理转向赋能销售, 从 2020 年开始, SCRM 疯狂发展, 一年至少有几十家新企业进入市场, 现在到互联网搜索 SCRM, 可以查到市面上有超过 3 000 家同类公司。

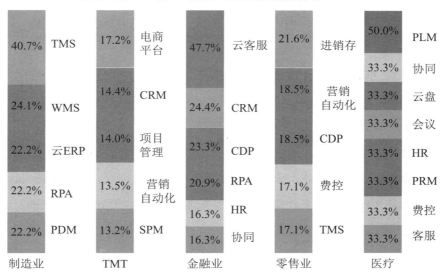

图 1-5 中国 SaaS 市场发展

三、下游传播方：销售渠道的市场教育

在软件市场中，销售代理公司能够占据 90% 以上的市场份额，而由于标准性较强，SaaS 对客户的规模和企业的适配性有较高要求，同时，SaaS 也会有很强的行业或业务属性，需要相关从业人员有一定的技术和业务背景及深耕行业的信心，所以 SaaS 代理公司似乎很难有发挥的空间。且由于 SaaS 的起步价低，一般一年服务费也就几千元，但终端消费者依旧会对付费产生犹豫。另外，很大一部分投资者始终喜欢"赚快钱"。作为一场"耐力游戏"，SaaS 要求渠道商不贪图短期利益，这在市场上基本很难实现。因此，SaaS 市场需要一个翻译者，得懂软件，还得懂经营，能把一个个软件的界面和企业的目标联系在一起，让企业领导者明白每一步操作都是向自己的理想更进一步。

SaaS 企业还需要执行者。这种执行者同样需要有技术和业务背景，能把客户当前的操作流程和软件提供的最佳实践结合起来，梳理符合客户需求的、可执行的落地方案。这两个角色是让 SaaS 软件真正实现价值的最后一环，但目前这类执行者在国内的供给还不足。

四、终端消费方：云端接受度和信息化意识淡薄

中小企业是数字经济体系中最具活力、数量最为庞大的参与者，但由于资金、资源、意识等存在局限，它们往往无法有效、快速地进行数字化转型。除了企业自身的认知以外，政策也成了其重要的制约因素。目前我国 SaaS 市场也开始从政府层面带头，慢慢向国企央企乃至民企扩散。2022 年 6 月，国务院下发的《国务院关于加强数字政府建设的指导意见》（国发〔2022〕14 号）就明确提出了"以数字政府建设全面引领驱动数字化发展"的目标，并提出开放政府数据的计划，确定了政府的带头作用。

·第三节·

产业互联网下的行业前景预测

阿基米德曾说："给我一个支点我就能撬动地球。"这句话也同样适用于我国 SaaS 企业的发展现状。目前国内相关产业链已经聚集了足够的势能，即便后疫情的影响依然在持续，资本观望、厂商举步维艰、用户企业犹豫，这种势能也为 SaaS 企业破局提供了可能。

一、产业链的变化

当资本爆发式涌入时，产业链的现状就会被改变，链条中的每个角色都需要站稳自己的位置，深化自身责任，用共建代替重复劳作甚至竞争，以更

优的产业协同效率迈进。

（1）**在上游技术服务方面** 面向未来，提供更多满足 AI 技术发展的能力，为未来业务上应用 AI 技术打好基础。SaaS 开发者需要提供更优的技术服务。例如，针对 SaaS 厂商提供专有的标准和规范，降低 SaaS 安装和使用中的风险，打消企业对数据安全风险的担忧。

（2）**在中游 SaaS 企业方面** 共建行业更成熟的法律监管和知识产权保护机制，学习美国行业的风控和监管经验，在企业内部和外部宣传上能做到接入软件后规规矩矩服务用户，不窃取客户数据。

（3）**在下游渠道方面** 鼓励更多的 SaaS 渠道商、SaaS 生态的传播者加入，共同赋能中游生产方。例如，通过红利引导软件服务商转型，让其成为 SaaS 软件在企业个性化土壤中稳定发挥效用的园艺师。

（4）**在终端方面** 用资金"砸"开消费者心扉，让 SaaS 成为企业经营必备的法宝。破局的方向可以是某一个具体的行业赛道。以电商赛道为例，它可以被称作我国互联网发展史中沉淀下来的金子。虽然美国互联网起步更早，但得益于人口和购买力的双引擎，我国电商行业的销售额一直远超美国。作为电商 SaaS 软件生产商，微盟和有赞为商户提供销售和管理工具。同时，依托电商行业的兴盛，二者都已成功上市。此外，在我国独特的互联网环境中，一家名叫小鹅通的线上知识教育平台也在稳步发展，在赛道中独占鳌头。

从这些可复制的成功中可以看到：互联网改造的东风吹到哪里，SaaS 服务的赛道就可以通到哪里。如今消费互联网已经很少被提起，而产业互联网经常被提起，占比最大的工业互联网也发展得热火朝天。那工业互联网之后下一个热点又将是什么？传统行业会被改造的样子就是 SaaS 厂商目之所及的答案。

当然，还有一种可能，SaaS 的突围并非在某个产业，也可能是在办公应用上破局。很多国内企业对企业信息化的认识并不是从购买某个软件开始的，而是从免费的协同办公平台起步的。阿里巴巴的钉钉、腾讯的企业微信、字节跳动的飞书都已在这一赛道布局和发展。

如今这些平台已经占据了国内企业市场的半壁江山，在 2022 年"钉钉"的宣传大会上，阿里巴巴宣称将全力 PaaS 化，要全力扶持 SaaS 平台，像这样的工具和背景没有在其他土壤中发芽过，是值得珍惜的种子。

二、用户企业的变化

对于 C 端消费品来说，消费者正逐渐年轻化，这又反推企业进行产品升级换代。这一现象对 SaaS 也同样适用，随着年轻群体逐步进入各行业企业管理层，这些企业的经营层面也发生了变化。

（1）企业信息化程度和标准化程度普遍相对较高，基础数据比较完善且真实度高。

（2）企业决策机制更加以数据分析或事实为基础。

（3）企业内部合规要求高，软件的应用能避免人力引发的失误，同时保证数据留存，有效应对监管。

（4）人力成本高，软件能帮助企业降低成本。

（5）整体大环境下，用户已形成了很好的付费习惯。

同时，利益的驱动也使企业信息化变成了与原先截然不同的形式，当 SaaS 系统的使用足够简便，其应用将给企业带来足够的利益。

头条、抖音为何能突然兴起？因为它们用推荐算法向用户推送内容，人们拿起手机就能立刻获得自己需要的内容。企业（B 端）产品也可以结合 AI 场景，在这条路上探索创新。

当 SaaS 为企业带来巨大的新利益时，就造成了第二层利益颠覆。例如，钉钉的第一批用户就是由利益引入的。阿里巴巴集团旗下有一个叫"阿里妈妈"的平台，阿里妈妈有一个针对商家培训的组织——万堂书院，和商家的关系比较紧密。通过这个组织，阿里巴巴集团通过返还直通车红包的方式引导商家使用钉钉，并限制商家和阿里巴巴的沟通只能用钉钉，官方的一些活动也是通过钉钉发布的。

对于商家来讲，突然被要求使用某软件肯定会感到不适应，而这时，通过直通车红包引导刺激消费（直通车的红包平均高达 1 000 ~ 2 000 元，甚至高至万元），这对商家来讲，也是非常具有诱惑性的。

上述例子中提到的返利是利益，而提升产品直接价值，给用户不得不用的理由，这也是利益。一款 1 年数千元使用费的 SCRM 软件如果能为客户稳定带来 6 位数的收入，那么客户自然会买单。一款能帮客户把每年上百万元流水算清楚的财务软件如果需要收取数千元服务费，那么也非常合理，毕竟这个费用只占其流水的 1‰。

当然，还需要格外注意的是，前景乐观并非 SaaS 企业唯一追求的方向，尤其是随着自由职业者和零工行业的变化，面向个人提供产品或服务（To C）也成了企业的一种新增长模式。至于如何在 C 端和 B 端寻找突破，笔者在第六章总结出了一套双核式的方法，目的是解决类似问题。

事实上，SaaS 发展的转折点正在来临，我国 SaaS 行业也正备受期待。但是，美国市场和我国市场的环境具有很大的不同，基于这两个市场的 SaaS 生态环境、信息基础化程度、产业化阶段、客户群体结构、决策机制及用户习惯等方面的差异，在不同的环境中衡量企业的增长方式还是会有很大的不同，笔者建议多选取可量化 / 定量的分析，但并不否认非量化条件或标准的重要性（如团队机构、企业创始人的特质、营销 / 市场策略等）。

同时，我国市场的独特性及消费结构的变化也表明，在我国运营 SaaS 不应受到传统 SaaS 市场的局限，应该结合 B 端和 C 端，以此方式突破增长的瓶颈。

第二章　常见增长模型

·第　一　节·

基础增长模型

对 To C 企业来说，只要拥有好的产品就有机会迎来爆发式的增长。但是对 SaaS 企业而言，即使拥有被市场认可的 SaaS 产品并投入大量营销资源往往也无法真正实现稳定的高速增长，反而可能还要不断投入资金。究其原因，就在于 SaaS 企业在完成 PMF 后、实现高速增长之前往往会忽视一个重要的环节：寻找可持续、可规模化、可盈利的增长模式。

所有 SaaS 产品都需要通过融资获取发展机会，因此，对 SaaS 企业的估值很重要，然而大多数 SaaS 创业项目的估值呈现阶梯式上升而非线性上升。这是因为在不同的发展阶段，SaaS 企业一部分重要的风险原因被降低，在其他变量一定的情况下，投资人会因预期收益的降低而提升估值。实际上，阶梯式上升过程中 SaaS 企业已经通过自证的过程解决了部分关键性问题。

但即便如此，在不同的阶段临界点之前，SaaS 企业都可能因为 VC 的推动而盲目追求过高的估算。在经历一段时间的增长之后，这些公司的发展普遍都会出现停滞甚至发生严重下滑（如 Box、Yext、Cloudera、尘锋等），除产品及运营方面的原因外，一个共同的内在原因是企业的增长并非可持续、可规模化、可盈利的。

一、SaaS企业的增长阶段

要促进市场扩张，就要从 SaaS 企业的增长阶段入手。一般来说，SaaS 企业的增长大体可以分为三个阶段：①开发产品；②寻找（可持续、可规模化、可盈利的）增长模式；③放量增长。

每一个阶段都有不同的侧重点，对应不同的增长模式，如开发产品阶段对应产品驱动增长（product-led growth，PLG）、寻找增长模式阶段对应销售驱动增长（sales-led growth，SLG）、放量增长阶段对应市场驱动增长（market-led growth，MLG）。

（1）**开发产品阶段**。这一阶段问题有：产品是否符合市场需求？能够通过什么样的产品去解决客户的痛点？解决客户痛点的紧迫性如何？产品能够为客户解决什么样的实际问题？客户是否真的使用了产品？如何评估客户收益？客户是否愿意持续付费？客户预算是多少？

（2）**寻找增长模式阶段**。这一阶段问题有：非创始人能否销售产品？非创始人能否找到规模化并可复制的销售路径？能否通过销售寻找到合适的用户画像（行业、规模、场景、决策人职能等）？该用户群体量是否足够大？销售能否被提炼成可复制的方法论、可培训的成熟路径？能否吸引到大批优秀的销售人才并让他们很快熟悉销售路径？是否能有效地留住客户、提高留存？有哪些指标可以帮助提前判断客户是否满意、愿意续费（使用率、宕机率等）？

（3）**放量增长阶段**。这一阶段问题有：是否应该快速扩张成功的产品、营销、销售及客户团队？能否保证各团队在快速扩张期间的有效协同（如客户成功应该是团队协同的结果）？能否找到单个或多个利基市场保证企业能够持续复制成功？

经历了以上不同的阶段后，SaaS 公司通常能够保证具备足够的规模化增长可能性。但是我国市场的 SaaS 企业往往缺乏充分的市场调研就凭空作出了产品，甚至完全照搬国外的模式，并且销售还没找到可持续路径之前很多创业者就试图通过一两名销售人员卖出产品后实现销售的放量模式。

总而言之，在出具具体的市场策略之前，企业需要考虑投入产出比，不然 SaaS 企业的营销未必比 To C 企业增长率更高。

二、增长的核心问题

实际上，无论什么阶段还是什么方式，基本上都会围绕以下几个问题增长，并根据阶段和企业具体情况的差异，迭代出不同的策略。

（1）企业的目标市场、目标客户是什么（行业、规模、场景）？

（2）目标客户的决策者是谁（CEO、CIO/CTO、CMO、业务、开发者等）？

（3）客户的痛点是什么？痛点是否急切？

（4）产品应该有哪些核心功能？

（5）怎样将产品的价值传达给客户？

（6）应该采用什么样的销售路径？

（7）如何吸引足够多的潜在用户为销售提供线索？

（8）怎样为产品定价？

（9）如何搭建团队以优化增长（产品、营销、销售、客户成功）？

（一）数据为第一要务

与 To C 不同的是，SaaS 是一种典型的 To B 增长方式，具备流程化、可量化的典型特征。SaaS 增长流程每一步都可以被量化，其重要的指标是每一个环节的绝对数量及转化率。这些数据都是面向企业业务的企业管理的重要抓手，也是区分企业优劣、决定增长快慢的重要指标。因此 SaaS 企业必须根据新增付费判断自身营收水平，经营者也需要根据数据指导经营策略。

下面举一个简单的例子。

两家有着同样产品的 A 公司和 B 公司最近的季度收入都同比下滑了10%。A 公司没有详细的流程数据，也不知道收入为何下滑，只能将原因归咎于近期更加激烈的市场竞争。B 公司拿出上个季度的经营数据，发现华东地区整个流程数据都与去年同期持平；华中地区从访客到销售线索的转化同比都降低了；华北从销售线索到成功交易的转化率降低了；华南地区访客流量下降。

从数据中发现问题后，B 公司顺藤摸瓜发现华中地区从访客到销售线索的转化率降低是因为当地一个竞品最近开发出了一个客户急需的功能，因此客户在初步对比不同产品后就选择了竞品；华北从销售线索到成功交易的转化率降低是因为之前的销售员工离职，新雇的销售员工还在培训期；华南地区是因为广告投放预算问题造成访客流量下降，在调整预算后就基本恢复了正常。

因此，这样的两个公司即使产品一样，最终的发展轨迹也会出现分化。

（二）可复制销售模式

除了关注数据以外，SaaS 最重要的是提炼可复制的销售模式。如何向客户传递产品价值？如何通过产品解决企业关心的实际问题？如何放大并且说清楚与竞品的差异？这些问题就显得很重要。尤其是在市场工作中，作为销售"武器"的提供者，企业市场部门应该对这些问题有清晰且明确的认知。

例如，一个商业可视化（business intelligence，BI）软件提供商在向客户介绍产品时说："我们的产品可以自动连入你的系统，分析数据、生成图表、帮助决策人有效地决策。"实际上，更有效的销售方式是描述一个具体的使用场景：我们的智能可视化系统可以接入 CRM 系统，自动检索、标注所有重要的销售流程指标（包括各转化流程的数量及转化效率），通过对比分析提前提示相关销售人员可能出现的问题，帮助销售团队尽早发现销售流程中的问题以避免影响收入。

（三）明确的用户画像

确定销售方法需要有明确的客户画像。一个有效的客户画像方法是根据表 2-1 为潜在客户群打分。

表 2-1　销售评分体系表

潜在客户群范围	市场规模	该客户群的痛点、急迫性、付费意愿、付费能力	满足该客户群需求所需的投入（资金、资源）
大型企业			
中等规模企业			
中小企业			
小微企业			
垂直类企业（互联网、金融、医疗等）			

而在不断复制的过程中，销售方法论就演变成了很简单的数学公式：

合同收入 / 业务收入 = 销售人员数量 × 销售人效

实际上进入市场驱动增长的企业一般都不愁没有资本，客户企业核心决策人的问题会从"我为什么相信一家初创公司的产品"逐渐变成"我为什么不用市场领先的产品"，第三方的集成应用变为一方面让产品功能更丰富、强大，另一方面也形成了规模效应，让企业有机会成为平台。

现金流让企业能在营销、销售上持续投入，形成正向资金循环。

所以可以解释为，采用 PLG、SLG 还是 MLG 取决于企业自身所处的发展阶段和其产品特点、销售渠道、市场等综合因素影响。

· 第 二 节 ·

PLG 的定义及应用

纵观市面上 SaaS 企业的营销增长模式，可以发现其主要有 MLG、SLG、PLG 三种，当然，现在也有市场营销人员提出混合式增长方式。至于采取何种增长方式基本与团队结构有关。例如，一些创始人认为以产品或技术为生的 SaaS 产品多数依赖 PLG。但并不是所有这类背景的产品都适合 PLG，PLG

代表的仅是不同发展阶段企业进入市场的一种策略，它的最终形态其实需要关注用户的核心需求，本质上是一种商业战略，包含了整套的产品思维和组织架构，是涉及 SaaS 企业所有职能的一整套系统性方法论和组织战略。其他增长方式与 PLG 同理。

一、PLG的兴起和增长策略变迁

自 2010 年至今，国外对 PLG 策略越发重视，如图 2-1 所示。纵观这十余年，尤其在 2018 年后，PLG 模式被越来越多的投资机构和 SaaS 企业追捧。而国内 PLG 则是在 2021 年才开始被圈内关注和探讨。

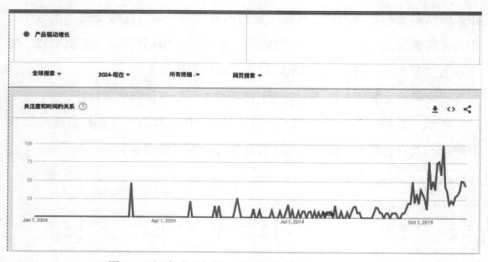

图 2-1　谷歌对"产品驱动增长"的搜索兴趣曲线图

在 PLG 之前，国外 SaaS 产品的增长策略也经历了几个发展阶段，最初国外 SaaS 企业均采用 SLG 模式，然后开始采用产品辅助增长模式，最终才演变成 PLG，如图 2-2 所示。

（1）1980—1990 年：这一时期国外的 SaaS 企业主要以销售为主获客（SLG），需要一对一进行客户转化，典型代表如 SAP、Oracle 等这类老牌 SaaS 公司。

（2）2000—2009年：这一时期SaaS企业还是以销售为主，但客户希望先试用产品或看看试用版，一些公司开始通过产品辅助增长，其中最典型代表是软件巨头Salesforce公司。

（3）2010—2018年：业内迎来了PLG模式，SaaS企业不再需要过高销售成本，通过完善产品的功能就可以获客或留存或转化，通过免费版或试用功能引导用户升级付费，典型代表如Slack等PLG公司。

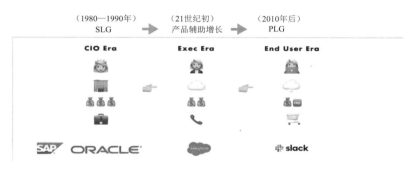

图2-2 国外SaaS产品的增长策略变化

（4）2019年至今：国外出现了一批明星公司（如Slack、Zoom、Atlassian等），其产品都经历过自发式传播，用很少的市场营销费用就完成了惊人的销售额增长。PLG公司普遍成长速度非常快，从成立到首次公开募股（initial public offering，IPO）的时间明显缩短，基本上很多在10年内就能走到IPO阶段。这些公司上市后表现也相当不错，尤其是业务增长后劲喜人。在国内，类似企业包括蓝湖、小鹅通、石墨文档、墨刀等。

二、PLG的定义与典型特征

PLG是一套客户获取、增购、转化、留存均主要由产品自身驱动的商业方法论，通俗地讲就是"能够让客户自助式地购买产品"。自助式产品购买对C端用户而言是再正常不过的行为模式，但对B端客户而言，其为团队或组织采购一款产品往往需要经历一系列复杂的决策行为，用购买链描述的话，SaaS企业需要"先让用户爱上产品，然后卖给那些已经体验过产品价值的人"。

要做到这样，PLG 的产品必须有以下特点。

（1）具备免费版本。

（2）To C 和 To B 的界限模糊，可以直接线上销售。

（3）支持先试后买。

（4）价格透明。

（5）可以同时提供给大 / 中 / 小规模的客户。

总之，SaaS 企业需要用高质量产品、以极低门槛开放来扩大知名度和影响力并辐射巨大体量的潜在客户，用基础的运营方式转化，通过一套标准化产品使客户从免费使用到付费使用、从使用低级版到使用高级版，逐步提高市场占有率，实现业务增长。

那是不是具备了这几个特点，就一定是典型的 PLG 模式呢？实际上并非如此。PLG 并不只是一个概念，它的背后实际上是市场竞争的态势。PLG 不只是增长，也不仅是进入市场的一种战略，而是一种将最终用户的需求放在首位的商业战略，包含了一整套产品思维和组织架构，是涉及 SaaS 企业所有职能的一整套系统性方法论和组织战略。

那么什么样的产品才是 PLG 呢？

（1）从使用开始，最终端用户能够因厂商提供的产品而获得价值成功，其组织内的其他个体也受到影响。

（2）可以轻松上手体验。免费试用和代码开源能够保证用户快速上手体验。

（3）试用版本能让客户认可价值。

（4）在销售之前优先考虑客户价值，依靠自助式服务促使客户主动购买。

当然，如果一家企业是典型的 PLG 且这家企业依然能靠产品获得稳定的增长，那么是不是依据产品做市场策略就是有效的呢？答案显然不是，PLG 只是以产品为主导的商业模式，采用此模式的企业仍然需要营销和销售，需要客户经理服务客户。营销的目标是让潜在客户使用产品，客户经理的工作是了解潜在客户的需求并使产品满足这些需求。随着业务的发展，企业要扩展产品能力，开发更复杂的产品套件，满足目标市场的大、中、小客户，甚至遇到特殊情况还需要专业的人员参与开发以解决各种特殊问题。因此，PLG 也将从纯方法论变成混合模型。

三、典型企业：Slack公司

作为一款协同办公 SaaS 软件系统，Slack 公司开发的 Slack 同时兼具创新性和良好的用户体验。它集成了即时通信系统（instant messenger，IM）并利用数据接口打通了众多第三方软件接口，可以帮助企业员工实现一站式应用代码托管、项目协作、聊天、云盘等功能——这与当前国内的钉钉、企业微信、飞书非常相似。2019 年 6 月 20 日，Slack 公司在纽交所挂牌上市，开盘股价暴涨 48%，市值一度超过 230 亿美元，而其从产品从上线到上市仅用了 5 年。在没有销售团队和营销预算的情况下，Slack 公司成立 3 年营收增长 10 倍，一度被誉为"历史上增长最快的 SaaS 公司"之一。

Slack 公司提供免费 Slack 版本，如果用户想要使用更多的高级功能，那么可以转为付费用户。Slack 公司将免费增值模式与直销团队相结合，从而每年获取经常性收入超过 10 万美元。

在成立的前 4 年，Slack 公司并没有组建销售团队和市场部门，但它们实现了爆炸式增长；公司仅用了 4 年将股价从 0 升至 40 亿美元；每月会增加价值 100 万美元的新合同；77% 的财富 100 强企业使用它们的软件；每天有超过 400 万名活跃用户。

一开始，Slack 公司就认为所有组织和个人都可能是它们的用户，这种设定方式同时面向 B 端和 C 端，为后续增长提供了广阔天地。这些人群包括个体创业者、自由职业者、新兴的小企业、跨国公司、"世界 500 强"企业等。

同时，Slack 公司的产品也具备增长的产品"土壤"。

（1）使用简单、容易上手。相比之下，其他很多群组聊天和协作类的工具服务要么存在过度设计的问题，要么设计得非常难用。Slack 在这两者间做到了很好的平衡，用户界面非常简洁，它是重点围绕频道和一对一通信展开的，支持聊天记录实时同步。

（2）注册流程简单。新用户在输入自己的邮箱地址后就能收到一条链接，单击链接后可以进入简单的注册页面。在注册页面，Slack 会鼓励用户添加团队成员，这其实是很关键的步骤，目的是鼓励用户将其他应用整合到 Slack 应用池。

（3）有效的用户留存策略。在 Slack 的大约 50 万个团队用户中，有 6 万多个团队都在非常活跃地使用 Slack，平均每个团队有 8～9 名成员。Slack 的日活用户数要多于团队用户总数量，且用户黏度非常强。Slack 早期曾通过"上瘾模型"鼓励用户投入，用户在 Slack 上每进行一个动作，团队就投入一分精力。发送的每一条消息、上传的每一个文件，以及共享的每一个表情符号回复，都成为用户留在 Slack 上的理由。Slack 公司将发送 2 000 条消息作为关键指标，它们知道让一个团队用户看到 Slack 的潜在价值需要时间。如果用户通过 Slack 发送了一定数量的消息（例如，整个团队总共发送了 2 000 条消息），那么 Slack 公司就会确信，这个团队用户已经开始正式使用且依赖 Slack 了，成为深度依赖用户。

（4）免费策略。为了避免因付费而流失客户，Slack 公司设置了溢价功能。与其他企业通信工具相比，Slack 的免费产品和付费产品的区别只是索引和搜索的消息数量不同，以及可以连接到的团队成员数量不同。通过将产品绝大部分功能免费提供给用户，Slack 公司对有意试用产品的中小型团队报以最大的服务热情。而 Slack 公司产品的低价策略也使用户从免费升级到付费的成本看起来几乎微不足道。并且 Slack 公司通过按用量计费的方式让用户体验到了计费方式的灵活性。

（5）用户自助式服务。Slack 公司的营销以用户自主购买为主，公司从用户的真实需求出发，支持用户自行注册、使用、付费。

·第三节·

SLG 的定义及应用

国内 SaaS 企业秉承着传统软件公司的良好传统，以销售订单为主要的盈利核心，保持着销售与企业共存亡的亲密关系。这种增长模式就是典型的 SLG，存在关单周期长、定期化比例高、营销费用高等特点，因此绝大多数的 SaaS 企业不经意间就变成了项目型企业。

2019—2022 年全球新冠疫情和地缘政治剧变导致的需求影响，再加上资本的热捧，SLG 企业估值直线飙升。但是一年以后市场开始遇冷，这些企业的产品也到了留存和续费检验的关口，一时间，老客户流失率高、续费率低，企业获客成本高，产品使用率大幅下降等现象纷纷暴露。现阶段 SLG 企业多存在商业逻辑不清晰、产品体验不够极致、获客成本居高不下等问题。

一、SLG的定义与典型特征

SLG 是一种以销售叠加（人员＋业绩）保持企业稳定增长的市场策略。一般来说，SLG 产品具备以下几个特点。

（1）对应的业务场景复杂，需要提供人工协助。

（2）销售周期比较长，通常面向的是大企业客户，年度经常性收入（annual recurring revenue，ARR）较高且有品牌标杆作用。

（3）客户需要定制一些功能或更高的服务质量。

（4）用户没有足够的经验或熟练度使用产品。

（5）对应的市场还不成熟，需要企业通过销售人员培养市场或引导用户。

总结起来，在企业的产品力、市场力不够的情况下，B 端的软件市场基本采取 SLG 模式，因为此时的业务场景较为复杂，大多需要人工协助，如果只是市场和产品驱动，那么用户可能没有办法自行解决绝大多数产品使用过程中的问题。

什么情况下需要采用 SLG 模式呢？下面有一个例子。

A 公司是国内知名的户外用品销售企业，拥有 40% 以上的市场占有率，同时用户口碑和媒体口碑均位列行业第一。目前在进行新零售体系的数字化改革，需要对整体的业务场景进行重新梳理，以契合现行环境下的私域营销场景。

B 公司是目前私域营销技术行业的头部品牌，产品功能在同行中属于相对比较全的。

A 公司需要 B 公司提供软件服务，按理来说，作为通用产品，B 公司的产品应该能满足绝大多数企业的需求。但实际上在 A 公司的业务场景中，由于其与一般的消费品牌不同，更侧重 B 端的定制化需求，以及对 B 端实际消费者的持续孵化，业务场景比较复杂，对服务质量要求非常高。最终 A 公司还是采取了定制化方案。

实际上，像 A 公司这类因为自身已经具备品牌规模的客户在选择解决某一类特定需求的产品时，除非相应的产品在其领域无可替代，否则往往关注的不仅是产品的价值本身及支持功能的多少，而且关注有没有一定的品牌知名度、有没有相应的标杆客户在使用。并且，这一类客户本身的业务场景往往比较复杂，对服务质量的要求更高，甚至现有的产品功能或服务无法满足其需求，需要做定制开发等。

简言之，就是 A 公司无法通过产品的自助服务解决自身的业务问题，B 公司也无法简单地理解对方的具体业务场景是什么。

当然，还有一种企业在选用产品时可能因为信息不畅及业务场景相对闭合，所以更倾向于选用具备较强客情关系推动的产品，是否采购产品往往不取决于产品的具体功能，而取决于销售员是否能及时响应客户的需求。

这时候，就需要销售员一对一或面对面地与客户沟通，深入理解对方的诉求，获取更多有效的信息后再行评估，最终签约往往需要更多的团队支持，如客户成功团队、客户支持团队等，虽然短期销售成本较高，但长期价值较大。

从以上例子不难看出，在过去高增长的环境下，SaaS 赛道上的国内企业已习惯通过积极甚至激进的销售活动抢占市场、驱动业务增长。然而我国宏观经济正进入"新常态"发展阶段，SaaS 企业面临的将是日趋激烈的竞争环境、多样化的客户需求、自身逐渐庞大的产品线，以及复杂的内外部协同要求，单纯以销售作为驱动力已无法实现企业持续、规模化的增长。

这时候它们往往会遇到以下问题。

（1）产品与市场不匹配：相对面向消费者服务类企业的标准化产品，SaaS 企业提供的产品及解决方案更为复杂、专业，且往往要提供定制化解决方案。在单纯销售驱动模式下，厂商往往对产品和解决方案面对的整体市场洞察不足，价值主张、差异化优势定义不清，对外营销沟通、销售话术不一致，也无法得到市场端向研发端准确反馈的需求特征，这就使产品研发的策略性不足，无法与市场有效匹配。

（2）优质线索少：企业客户的规模、发展阶段不同，采购产品和服务的需求和影响因素差异大，且采购和使用决策链上参与者众多，仅凭销售人员很难迅速触达所有参与者，这将导致企业获得的优质线索数量有限、转化率低。

（3）销售效率低：SaaS 企业目前仍多采用直销或分销模式，以主动推销方式进行销售。该销售方式的本质是"人海战术"，资源投入与企业收入等比例增加，导致销售费用占比居高不下。在拓展市场实现销售产品或项目从 0 到 1 的艰难突破之后，企业即使快速扩大突破口、实现规模化复制，也难以有效地覆盖中小客户和跨行业客户。

二、典型企业：华为公司

"以销售为导向"是 SLG 类产品（企业）最典型的特征。这里的销售不是常人理解的销售行为，而是销售结果。客观地说，企业如果以销售结果为企业的发展根本，那么基本上它们的发展都不会太差。华为公司就是这样一个典型的企业，从一个注册资本 2.1 万元、最早只有 6 名员工的小公司用了 30 年时间成长为年销售额近 9 000 亿元、拥有 19 万名员工、在世界信息与通信领域位列"前三甲"的集团公司。

作为我国科技的第一品牌，华为以销售为驱动力，这让它在不同的阶段都能够生存下去。当环境发生变化的时候也依然能够坚挺。华为的"铁三角"销售法创立于 2007 年，距今已有 16 个年头。2020 年，在席卷全球的新冠疫情和剧烈变化的国际形势面前，华为依然逆势取得了 8 914 亿元的销售收入，同比增长 11.2%，这其中"铁三角"销售法功不可没，如图 2-3 所示。

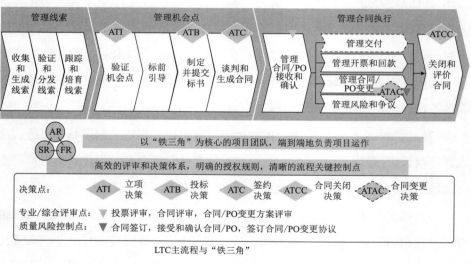

图 2-3　华为"铁三角"销售模式

销售环节是企业经营尤其是 SaaS 企业经营中最重要的环节之一，但是销售却很难成为企业的核心竞争力，因为企业的核心竞争力是由产品力所决定的。在笔者的营销理念中，企业必须给消费者足够的消费理由，以及展示差异化的竞争力，销售才能创造价值，而销售要创造价值，必须有章法且形成体系。

其实华为的"铁三角"销售法则也不是一蹴而就的。早在成立之初，华为就曾因为产品竞争力不足、产品质量一般导致研发人员也需要去一线支持销售和推广，这样就形成了研发支持销售以市场为导向、以销售为导向的企业营销惯例。后来华为公司将这个导向总结成"一线呼唤炮火"的销售方法，这一方法对华为产品的成功销售至关重要。随之而来的是华为销售良性循环的初步形成。华为的销售良性循环独特之处在于其是以市场销售为导向逐步形成的以销售为中心的文化，表现为营销体系较强，而市场销售人员在整个营销环节中则是较为重要的一环。

即便是以销售为主导，华为也没有像一般的 SaaS 公司那样采取简单的提成方案，而是建立了"铁三角"销售管理模式，目的就是发现机会、抓住机会，将作战规划前移，呼唤与组织力量，以完成目标。这种三角关系并不是一个三权分立的制约体系，而是紧紧抱在一起生死与共，聚焦客户需求的共同作战单元。它们的目的只有一个：满足客户需求，成就客户的理想。

华为"铁三角"体系由以下三个角色组成。

（1）客户经理（account responsible，AR）。对客户经理而言，在销售产品前需要了解客户的现状和面临的问题，从中找到机会。只要认定客户有需求，而且这个需求是真实的，能用自己的产品和服务为客户创造价值，那么就应该从客户角度出发，充分为客户着想，取得客户的理解和信任。

（2）解决方案经理（solution responsible，SR）。解决方案经理最核心的角色定位是产品格局的构造者、品牌的传播者及盈利的守护者。其中，最关键的三个核心点是：营、赢、盈。

（3）交付经理（fulfill responsible，FR）。在"铁三角"销售体系中，华为要求交付经理一改以往的弱势形象，全程参与项目从立项到签订合同的过程，全面了解项目的前因后果，并且能发表自己的专业意见。

SLG 企业要注重以下几点。

1）以客户为中心

客户需求是企业发展的原动力，以客户需求为导向是企业成长不可或缺的驱动力。企业应真正实现以客户为中心、以客户需求为导向,让营销和产品以更懂客户的形式出现。这点在海尔公司"真诚到永远"的服务上体现得淋漓尽致。

2)长期关注客户利益

企业要为客户利益最大化而奋斗,提供质量好、服务好、价格最低的产品服务,实现客户利益最大化,只有这样,企业才能更好地生存与发展。

3)以服务定队伍建设的宗旨

企业要提高服务意识,建立以客户价值观为导向的宏观工作计划,各部门均要以客户满意度为工作的标尺。在实践中,企业要不断将客户需求导向的战略层层分解并融入所有员工的工作中,要有对客户负责的经营理念,切记"以客户为中心"不只是一句漂亮的口号,而是要为客户交付高质量的产品、高水平的服务,进而为客户创造更大的价值,成为一家真正对客户有贡献、对员工有意义的企业。

对所有 SaaS 企业来说企业应该做到以下几点。

(1)盯着客户需求,永远持续改进。

(2)快速响应客户需求。

(3)提供高质量产品和服务。

(4)端到端的低成本运作。

(5)关注与用户的关系。

不难看出,即便是以销售为主导的增长策略也是围绕产品进行的,因此企业首先需要关注产品是做什么用的,到底是为谁服务的。这是关键,值得思考。接下来才要考虑和用户的关系,企业自己有客户,客户后面有用户,千万不要只对客户好而忘记了用户。例如,医疗体系,企业首先应该把患者排第一位,客户的价值是由用户的价值来实现的,这是一个重要的管理理念。

·第四节·

MLG 的定义及应用

前面提到的 SLG、PLG 基本都是围绕产品和用户进行的，实际上企业还可以按照客单价来划分增长模式，如图 2-4 所示。

图 2-4　按客单价划分增长模式

产品和服务普遍客单价为 0~2 万元的企业最适合采用 PLG 模式，通过产品和服务带动企业发展。

产品和服务普遍客单价为 2 万~30 万元的企业适合采用 MLG 模式，用市场驱动企业发展。笔者做过一个调研，80% 的 SaaS 等高新科技服务企业客单价处于这个范围内。

产品和服务普遍客单价为 30 万元以上的企业适合采用 SLG 模式，以销售带动企业的增长。

那么 MLG 与 SLG 和 PLG 到底有何不同呢？下文将详细阐述。

一、MLG的定义与典型特征

MLG 即市场驱动增长，是通过市场手段完成客户获取、客户教育、客户转化并与销售协同完成客户签单的一种商业模式。与 SLG 相比，MLG 具备明显优势。毕竟，SLG 模式存在市场获客数量偏少、质量偏弱的问题，易导致真正成交转化率较低，并且大部分成交主体往往不遵循销售漏斗中从上而下的过程，而是在中后端销售自拓环节中，由销售自己获得销售线索完成交易，其模式下销售自拓占比更加突出。

MLG 往往会具备以下几个特点。

（1）借助数字化手段，能够高效获得市场线索。

（2）市场获客线索成交转化占比高。

（3）市场和销售协作非常深入。

当然，这也是 MLG 模式能为企业扩大营收规模的核心原因。在高科技 SaaS 企业的获客渠道中，采用 MLG 模式的典型企业大概占市场 65% 的比例，这部分企业的营销投入也是最大的。MLG 具体地讲就是"广告投放、线上线下的活动、社交关系营销及内容营销"，这是 MLG 市场营销的主要手段。

如何判断 MLG 是否成熟？实际上，要想探寻一个企业市场部门的成熟度，需要从市场工作的各维度深入解析，例如，可以通过营销漏斗来理解，如图 2-5 所示。

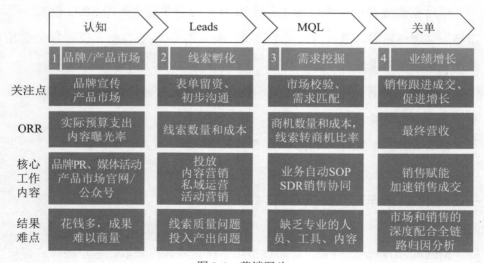

图 2-5　营销漏斗

（1）品牌和产品市场。它的核心关注点是品牌，对应的关键绩效指标

（key performance indicator，KPI）相对难以衡量，通常包括预算的合理规划、支出，品牌的曝光效果。

（2）线索孵化。也就是所谓留资，如各种行业活动或线上活动，是比较容易量化的指标，可以量化的考核指标是获得线索的数量及平均成本。这里有一个核心问题，企业如果想要市场部门和销售部门达成对线索的互相认可，就需要有一个双方都确认的标准，防止互相推诿。这一步还包括了内容的发送、打开、点击率等可以量化的考核指标。

现在大部分企业都能做到第一步和第二步，它们的成熟度也就被卡在第二步。

（3）需求挖掘。需求挖掘的意思是市场部门的工作要把个人的需求甄别出来、挖掘出来。市场部门提供给销售部门的不应只是线索，而应是 MQL 或 SQL。这一步考核 KPI 的方式是先看数量，再看质量。也就是看从线索到商机的转化率高不高，最后成交的比例是多少。完成这一步需要做很多人机结合的自动化培育工作，或者潜客运营 SDR，也就是获得一个潜客后要先运营，然后再传递给销售。

（4）业绩增长。业绩就是市场收入。目前国内市场很少有企业能做到这一步，但这一步其实可以真实衡量市场部门的价值。这里企业需要根据客户旅程完成整个成交链条的闭环。例如，给出去的 MQL 销售是不是有效？在销售的过程中市场能帮助销售做什么、能促进什么？如果销售没有跟进或跟进不力，那么销售部门一定要反馈给市场部门，目的是再次获得运营和支持。

有人可能会问：MLG 为什么能够带动增长？事实上，目前在国内完全靠市场驱动增长的 SaaS 企业是不存在的，但是由于采购模式的变化，营销链条其实也发生了根本的变化。在采购方定位自身问题、找寻解决方案、明确产品需求的过程中，其实有大量的活动根本不需要跟供应商发生直接接触。也就是采购方在找到供应商之前就已经通过各种时间点在线上用数字化的方式自己琢磨和研究，直到最后选择供应商这一步才可能会首次接触供应商。这是底层逻辑的变化，而且是不可改变的大趋势。随着年轻一代开始慢慢变成企业的客户，他们会越来越适应这种方法。

当然，因为国内很多企业习惯了"赚快钱"，并且由于组织能力的变化，它们往往缺失营销环节，需要市场补位。一般从营销漏斗来看，市场部门毫无疑问要负责最顶部的任务，从流量到线索，通过各种宣传推广和获客手段来吸引留资。底层任务则毫无疑问是销售部门负责。但对很多企业来说，中层任务是没人负责的。市场部门会以为认真举办活动，将线索给到销售部门就完成任务了，之后销售部门应该接手，去甄别、孵化、挖掘需求，最后成交。

但销售部门则正好相反，它们会希望市场部门先甄别一下，辨别清楚数据有没有重复，是不是竞品同行，认为很多线索质量不高，根本没有办法利用起来。

这时候企业实际上需要数字化工具解决类似的问题。MLG 显现的底层逻辑就是让整个营销漏斗的 2/3 都以市场的思路运作，凸显了市场或数字化营销在整个漏斗中所占的比重。

需要注意的是，这并不意味市场重要而销售就不重要，事实上两者是一样重要的。市场并没有弱化销售的地位，而是需要与销售协作。

二、典型企业：UMU公司

UMU 公司创建了以"效果学习"为导向的企业学习平台。基于学习科学与 AI 技术，UMU 公司构建了新型智能化学习场景，为企业提供了"一站式"解决方案，目的是提升组织的人才绩效，为企业创造增量价值。2021 年，UMU 公司获得了 6 轮融资，包括华兴新经济基金、高瓴、高成、五源等行业投资机构的资金。

2022 年，从国内资本市场到全球大经济环境发生了剧烈的动荡，使 SaaS 领域的创业者面临了极大的挑战和压力，这些风险来自资本、商业模式选择、研发、管理等方方面面，决定了企业能否长期经营。而这些风险对 UMU 公司并未产生任何影响。

全球新冠疫情之下的企业面临着长远、深刻的挑战。随着企业成本增长，很难招到合适的员工，过去的经营模式、业务模式、组织模式都面临着变革，但改变不是一朝一夕就能完成的。

而 UMU 公司却逆市上扬，在业务高增长的同时做到了收入增长快于员工人数增长，在业务高速增长的同时提升了员工效率，而不是靠"高速堆人"带动"低速增长"。

UMU 公司主要通过产品与市场的契合度决定企业员工效率，并不断提升产品的标准化程度。

（1）产品。UMU 公司坚持提供好的标准化产品给客户，这样做可能签不下订单来。但一旦签下订单就有机会使企业生存下去，因为标准化的产品才能实现规模化，才有可能使企业持续发展。定制很难创造利润，客户也不会真的满意，使企业做一单亏一单。为一个产品定制几十个功能点要求几个工程师工作两三个月甚至半年以上，且很难说这是真正的创新，做出来的产品也很难让其他企业用得上。只做定制，不实现产品化，就无法真正地为企业解决本质问题。

（2）价格。我国 SaaS 企业最令人担忧的合同模式就是"买一年半送一年半"。如果客户不到一年半就放弃使用，那么企业的风险在财报上是看不出来的，也许给投资人的财报在三年之内看起来续费是没问题的，但那其实是假象，是一个数字游戏。UMU 公司从来不以这种方式签单，它们的客户可以签两年、三年、一次性付款，但不签一年半送一年半或签一年送一年。

（3）市场。对于 UMU 公司来说，PLG 是它们的增长"引擎"，但是 MLG 却成了它们占领市场的秘密武器，它们最主要的增长来自入站营销，通过培训师到全球各个企业做演讲、培训，把 UMU 的产品带到这些企业。企业用户若感觉这个产品很好，自然会注册。当企业用户的使用率达到限额需要进一步升级时，就自然会主动转化为付费用户。

人们第一反应认为一家公司盈利的本质可能是销售很好。但是，要想快速增长，营销和业务的加速增长是由谁决定的呢？其实是产品部门、产研部门，是产品市场契合度（product market fit，PMF）。产品和市场越契合就越好卖，公司的员工效率就越高。第一次市场验证的结果是：PMF- 产品与市场契合度决定了销售人效。实际上产品是企业盈利的内在肌理，而市场则帮助企业赢得了客户。

SaaS 行业的营销人不应该用 PLG、MLG、SLG 给企业打标签。为什么面对 SaaS 企业增长，一定要分出来这家企业是 PLG、MLG 还是 SLG？其实这是不正确的。

很多人可能认为 SLG 靠销售，MLG 靠市场，PLG 则既不需要市场也不需要销售，只靠产品。其实正相反，无论用哪一种模式，市场和销售都永远是必要的，只是在不同的模式下，市场和销售的侧重点不一样。

MLG 强调的是市场与销售的协同性，销售环节必不可少，重点在于怎么协同市场与销售。

PLG 则分为两个阶段，第一阶段产品自身就能带来增长点，通常依赖免费或单价低的产品。企业想要进入第二阶段，即从免费版本进入增值版本，就需要市场和销售介入。

所以，SaaS 增长不是三选一，千万不要自我设限，各种方法都要尝试，把市场、产品、销售都做得好一些会让企业获得更快的发展，无论如何这都不是什么坏事。

第三章　SaaS 企业增长的基本功（上）

·第一节·

增长模式的底层思维

　　企业都想得到爆发式增长，但是具体要怎么做很多企业往往无从下手。前文已经明确了 SaaS 的基本概念以及常见的增长模型。但是到底什么是增长？如何增长？有没有成熟体系的增长方法论呢？答案是肯定的。

　　为了避免读者选错增长方式，笔者想首先介绍关于增长的基础知识。增长的本质就是通过有效的手段最终使企业利润率高于竞争对手。

　　准确来说，增长指的是单位时间内企业利润的增加，当然也可能是减少。从增长的速度来看，增长分为指数型增长和线性增长。指数型增长常见于互联网企业，线性增长则常见于传统企业。指数级增长是更理想的增长方式，本质就是无形服务与无限用户的有效连接，即利用虚拟产品或服务边际成本趋于零这一特点的过程。

一、企业增长的维度与市场

　　企业的增长速度取决于两点：一是客户决策难度，二是对手竞争难度。

　　在清楚地作出增长策略之前，首先需要了解企业不同阶段的特点，只有这样才能更好地匹配企业增长模式。一般来说企业的增长可以划分为三个阶段：0~1、1~10、10~100。

（一）0~1 阶段

这个阶段企业需要验证产品与市场的匹配点，找到用户的"啊哈时刻"（所谓"啊哈时刻"是产品使用户眼前一亮的时刻，是用户真正发现产品核心价值——产品为何存在、他们为何需要它，以及他们能从中得到什么的时刻）。菲利普·特科勒将增长定义为增长的本质就是用户需求。0~1 阶段的企业增长的本质就是需求被验证、被满足。那么如何验证呢？这就要使用最小化可行性产品（minimum viable product，MVP），其验证的标准比较简单，就是用户是否主动来、用户增长是否快、用户是否愿付费。

（二）1~10 阶段

当需求被验证以后，思考如何获客、激活、留存及赚取更多的利润就是这个阶段企业所要关注的增长本质，无论是 AARRR 模型（用户获取、用户激活、用户存留、获得收益、推荐传播）还是现在各大营销会议都在论述的"增长飞轮"，基本都是被用于定义这个阶段的企业。

（三）10~100 阶段

这个阶段主要分为两部分：结构化增长和战略性增长。

（1）结构化增长需要企业在获取更多的客户、留住更多的客户、释放客户更多价值的基础之上进行精细化运营。对于 SaaS 企业来说，就是在现有客户的基础上提升续费率、增长续费频次和交叉付费概率。企业通常会布局不同的区域渠道、覆盖更多的目标客户群、不断采用新鲜的推广手段，结合数字化的手段来优化经营策略，从而提升企业效益。在这个过程中企业需要不断提升服务效果和服务质量。

（2）战略性增长需要企业从市场角度，找到产品差异化，实现整合营销。这里的差异化包括定位差异化、认知差异化和差异可视化，整合则包括新价值整合、上下游资源整合。

在这两种增长方式的基础上，企业基本上很快能找到获得更多利润的方法。在不断降低边际成本的情况下，企业基本上能扭亏为盈。

对一些发展较快的新兴行业来说，进入 10 ~ 100 阶段后要能提前洞察行业发展趋势，根据自身业务发展渠道及自身优势探索新业务。

笔者之前曾经供职的一家营销科技公司老板从工作手机开始洞察企微私域的作用，开始孵化新的赛道——SCRM，对 SCRM 这一新业务来说，企业就又重新回到了 0~1 阶段，实际上对企业的不同业务来说，这就是第二增长曲线。

从经营及增长的角度看，企业的增长其实是一个不断自我升级的过程，只不过目标的重心不太一样，0~1 阶段增长的本质是对用户需求的商业验证，1~10 和 10~100 阶段增长的本质是变现与扩张，10~100 阶段之后增长的本质是创新。

二、增长的关键点

增长的关键其实就是花了多少钱，达到了什么效果，也就是投资回报率（return on investment，ROI）大概是多少。那么要如何判断增长的优劣势呢？实际上好的增长是面向可持续交易能力的，而建立与客户紧密的联系与触达方式又是增长的基础。换言之，好的增长模式下企业与客户的关系应是足够紧密的，企业是可以随时触达客户的。即使这个客户暂时不会与企业发生交易，但他未必不可能不与企业发生交易。

链接的关键点在于产品，产品的形态不同，增长方式也不同。产品越高频越"轻"，产品设计驱动的增长占比就越大。产品越"重"，则运营和市场驱动的增长占比就越大。例如，高频产品更容易基于产品本身增长。又如，社交属性强的软件（如陌陌、领英等）能够通过高频带低频做二次传播带动增长。在实际运营的过程中，产品设计可以为增长发挥比较大的价值。再如，工具类型的产品（如 Hotmail、Dropbox 等）也可以通过产品设计驱动增长。

对低频产品来说，增长的重心往往在运营上。例如，一种典型的运营方式是把场景前置：做婚恋的，先运营交友社群；做艺考的，先运营新媒体矩阵。

SaaS 产品往往是"重"的，其价值需要用户深入体验才能知晓，而传统软件就更"重"了。这两类产品目标用户的基本面少，并且更理性，基本是很难做所谓的"裂变"的，更多地还是依靠不同的推广方式组合达成持续增长的目标。很多垂直领域 SaaS 企业一年才增长几倍，但是实际上这个增长速度已经相当优秀了。

三、增长阶段与底层逻辑

本节将分阶段讨论不同企业增长的底层逻辑和增长重点。

（一）0~1 阶段，PMF 阶段

这个阶段企业需要做好两点：基于产品的购买和使用理由选择精准的用户群体，其测试、转化与分享基于精准的用户反馈，以此完善和迭代产品。所以，PMF 的重要指标就是转化率、分享率。

例如，产品是一款活动营销 SaaS 工具，在 0~1 阶段，为了推动实现增长，企业只做了两件事：第一件事为首批用户赠送服务时长，促使用户决策下单；第二件事是为分享转发的活动用户提供免费解锁升级服务，而面对老客户的话则是增加使用时长。

1. 增长与产品的关系

由上述案例可见，在 0~1 阶段，产品是增长的根本因素，在这个关系里，企业可以清楚地理解成交、分享、传播三者与增长的关系。

2. 成交

在 0~1 阶段企业往往可通过社交关系链（如朋友圈、社群等）验证成交，还可以在线下场景验证成交，这是一个业务单元的小闭环。

3. 分享

企业通常要重视分享点的设计，因为推动分享的裂变行为对企业是有利的。例如，分销赚取佣金、助力砍价省钱、拼团低价购买等。值得注意的是，由于微信规则严控，企业在微信生态进行裂变时要避免触碰诱导分享的红线。

4. 传播

传播环节既要触达精准的用户群体，又要讲究传播速度，所以企业一方面要选择精准的媒体和社群作为投放渠道，另一方面要根据渠道的用户画像和场景确定合适的文案，引导用户积极参与，完成对企业需求的商业验证。

5. 0~1 阶段的增长启示

既然产品的 0~1 阶段是推动增长的重要因素，那么打造能自行成交、自带传播力的产品无疑会提高增长的速度。这样的产品俗称为"爆款产品"，在功能上能充分满足用户需求，在体验上能让用户迅速感受产品的美好，并且在自带的传播中可以帮助更多的用户与产品连接。

换句话说，就是企业在 0~1 阶段如果能够实现 PLG，那么实际上它们的产品就产生了自传播的动因。功能即问题，问题即需求，企业要根据用户、需求和环境变化来打造产品，明白用户缺什么，需要什么来填补缺乏感才能在最后便捷地成交。只要充分掌握用户画像、理解用户的预期和目标、提供合适和足够的服务触点、让用户迅速找到使用产品的场景和路径，那么企业自然能给用户带来良好的体验。同时，在自带传播的设计上，简单易懂的设计很容易事半功倍。

（二）1~10 与 10~100 阶段的增长解析：定位阶段，渠道驱动

企业在进入 1~10 和 10~100 这两个阶段就已经完成了用户需求的商业验证环节，此时，其产品能给用户带来的价值将是非常明确的，所以要更好地呈现产品的价值可通过两点实现：基于产品的购买理由选择精准渠道拉动增长，结合用户反馈不断完善和迭代产品。1~10 和 10~100 阶段就是产品定位阶段，企业要明确能给精准的用户群体带来何种具体的价值，为用户提供充分的购买理由。

1. 增长与购买理由的关系

不难发现，在 1~10 和 10~100 这两个渠道驱动的阶段，用户的购买理由是企业快速增长的动因，增长与购买理由的关系可被描述为在这个关系里，企业可以深入理解成交、分享、传播与增长的关系。

2. 成交

成交在 1~10 和 10~100 的阶段是通过全域流量实现的，所谓全域流量并不局限在微信等单一生态。

3. 分享

企业在分享环节不仅要做好分享点设计，还需要把分享点扩大，此时可通过个人号→社群→小程序的方式实现。

4. 传播

在传播层面，除了自媒体和社群以外，公关和广告也是非常重要的手段，如联手行业知名专家、垂直协会、家喻户晓的企业客户等都能快速引起目标企业关注，增加品牌的关注度和声誉，最终有效地加快企业发展速度。

5. 1~10 与 10~100 阶段的增长启示

既然购买理由在 1~10 与 10~100 阶段是推动增长的重要因素，那么企业要给用户提供充分的购买理由，可以通过以下两点实现。

（1）功能。功能依然是打动用户购买的重要理由。根据不同的用户画像，通过差异化的运营手段，突出功能带给用户的价值，这是企业始终要坚持的。例如，分贝通公司通过打通供应链和报销的链接简化了报销场景，减轻了财务、采购、行政等企业内部职能部门协调联动的压力，提高了企业运营的灵活度，实现了效率和效果的有效提升。

（2）情感。用户对品牌充满信任时往往更容易下单购买。这份建立在产品质量和专业服务基础上的信任一方面能降低用户的疑虑，另一方面也能不断地强化用户心智，逐渐使品牌成为一个品类的代名词。所有的 SaaS 企业都会通过成功案例塑造产品价值、增加客户信任度、降低客户疑虑，继而促使用户产生购买的冲动。

（三）10~100 阶段后的增长解析：文化阶段，品牌驱动

企业的产品发展到 10~100 阶段后，产品文化基因和品牌基因都已经形成，像小米、字节跳动、美团这类典型企业往往就会借助品牌的力量，利用创新产品实现新的增长。创新产品依旧会为企业品牌服务，成为不断扩大品牌影响力的工具载体，围绕不变的企业使命，彻底占据用户心智。

这个阶段企业的工作主要是实现品牌的扩张延展，有两大特点：一是完成了从产品、渠道驱动到品牌驱动的过程；二是创新产品依然服务于品牌，承载企业的文化和基因。

以小米为例，从小米手机开始，小米公司主打高性价比的红米手机还曾一度成为爆款手机，但小米的增长并不仅仅在手机本身，而是通过搭建小米智能生态链的方式与众多供应链上下游合作伙伴形成智能硬件共生体，推出一系列基于智能生态的创新产品，凸显了小米的生态文化，从而不断壮大小米的品牌影响力，实现从产品到生态的跨越式增长。

1. 增长与品牌的关系

在 10~100 阶段后，品牌将是企业持续增长的动因，此阶段增长与品牌的关系可被描述为企业深度理解成交、分享、传播与增长的关系。

2. 成交

成交是通过全线覆盖实现的。对小米而言，全线覆盖就是覆盖各大电商平台和线下零售门店，成交的是手机等实体商品；对字节跳动而言，全线覆盖就是全领域创作内容带来的流量，成交的是广告业务变现，目前很大程度上依赖抖音的潜力爆发及海外版抖音（TikTok）的商业化变现。

3. 分享

这个阶段的分享有别于转发和裂变层面，是基于品牌维度下的分享点矩阵，凡是能服务于品牌、能体现品牌符号的平台都属于品牌的分享点矩阵。

4. 传播

从品牌驱动增长的角度看，传播的重要方式依然是"硬广"和公关，这些方式将彰显品牌的影响力，推动业务增长。例如，用户会看到抖音通过生

态大会传递鼓励创作者生产更多优秀原创内容的信息，这将促使内容创作生态更加多元化、更加丰富起来，最终形成更大的流量池，这无疑是实现增长的重要策略。

5. 10~100 阶段后的增长启示

在这个阶段，企业需要不断提升品牌的影响力，而品牌会逐渐成为社会大众生活的一部分。要想持续地提升品牌影响力，那么企业不能仅在功能层面满足用户需求，还应该从情感、体验、场景、娱乐化等层面让用户感知品牌。

当前在娱乐经济新生态下，一些品牌在情感、体验、场景、娱乐化等层面与社会大众产生了紧密的连接。例如，京东数科在 2020 年就用拟人化的情感营销，赋予了用户一个强代入感的人格，使之化身为企业的"首席数字官"，这一活动有效地建立了品牌和用户的纽带。

如此巧妙地把品牌营销与节目紧密地结合起来，不但能很好地与用户建立情感互动，而且无形中淡化了品牌生硬植入的痕迹，随着节目不断播出，品牌的影响力也越来越大。因此，品牌营销对 10~100 阶段后企业增长的重要性就不言而喻。

以上内容总结起来就是业务起步阶段的核心是寻找增长模式，其实运营和产品一样都是要找到 MVP，如用户覆盖、触达用户、各项成本、对应的时间；增长阶段核心是找杠杆，也就是利用有限的资源寻找更高的增量，追求更高的增长速度；业务成熟阶段企业的增长方式是不断提高 ROI，就是花同样的钱做更多的事，或者做同样的事花更少的钱。

四、设定增长模型

4R 模型是一种寻找杠杆的有效方式，该模型可以做到用户→触达→营收全链路触点的深入挖掘，很适合寻找线上业务的增长渠道，以及衡量渠道运营的有效性。4R 模型具体包括以下内容。

（1）用户画像：企业的用户在哪里？他们日常的行为有什么共性和特

性？用户画像决定了企业要在哪些渠道做推广。经营者要梳理哪些渠道有目标用户，是微博、小红书还是知乎、果壳；企业还要整理目标用户关心什么、关注什么，为他们提供什么样的价值才能吸引他们。

（2）触达：企业怎么触达用户。是做搜索还是做微博？或是打广告？

（3）用户关系：在看到企业日常发布的信息后，用户是否会一键三连？是否愿意转发？即使在获取用户之后，企业也还需要与用户建立更加紧密的联系。

（4）回报：对企业来说，某个行为返回的价值就是回报。回报可以被理解为转化，包括用户有没有转化的路径、能转化成什么、能不能直接订购、能不能留下线索。

对 SaaS 企业来说，增长需要全体员工的共同努力。市场部门也好、运营部门也罢，甚至是销售都要起到作用。因为企业必须考虑任何可以获取目标客户的渠道，如表 3-1 所示。

表 3-1   SaaS 增长的主要渠道

种　类	手　段	形　式	种　类	手　段	形　式
线上营销	网页营销	官网、落地页	线下营销	户外广告	电梯、楼宇、灯箱、机场广告
	SEM 搜索引擎营销	SEO、竞价排名、品牌专区		客户会议	研讨会 / 沙龙 / 路演 / 用户大会
	社交媒体	微博、微信、抖音……		行业展会	第三方活动赞助、参展
	线上广告	DSP/ 朋友圈 / 信息流 / 网站定投		参观展示	企业参观、标杆客户参观
	网络社区	网络社区、媒体专题页		联合推广及合作	联合推广、异业合作、资源互换
	网络会议	直播课 / 群分享 / 线上研讨会 / 线上发布会		DM 直投	产品手册、案例集、促销券、节日礼品
	电子邮件	EDM			
	短信	短信、彩信			

企业实际上可以选择的渠道非常多，但是由于资源有限，企业需要在不同的渠道寻找组合，持续优化。

例如，针对智齿科公司这类做在线客服工具的企业，获取有效线索最开始成本是 100 元 / 条，转化率也还可观。之后由于竞争，成本就变成了 150 元 / 条，再之后就变成了 600 元 / 条，可以发现，成本越来越高，甚至呈现赔钱的状态。

有一个业务词，只投 SEM，比如这个词获客成本 =10×（1/5%）÷3%。假如 SEM 创意的点击率是 5%，每天获客量大概就是 1 000×5%×5%≈3（个）。

假如 SEO 差一些，只能拿到后面 5% 或者 3% 的流量，那么获客量就是 4（3+1）个，单线索成本价 150 元。

成本一平摊，别人一个词就节省了几十元，也即省了 30%~50% 的获客成本。如果有 10 个词、100 个词又是什么效果呢？To B 的企业网络营销使用 4 000 个核心词左右是合理的，To C 的企业则往往要使用 10 万个词左右，节省的成本将是天量。

所以说竞品的获客成本可能低得多，有可能赚到更多钱，更重要的是对方可能诱导企业进行错误的战略判断。

所以对搜索引擎营销（search engine marketing，SEM）来说，做不做搜索引擎优化（search engine optimization，SEO）、做得好不好至关重要。通过 SEM 检验需求、通过 SEO 摊低成本，这就是搜索引擎获客的目标，最重要的是通过组合渠道达到"1+1>2"的效果。

所以，拥有自己的增长模型很关键。企业可以用 AARRR 模型促进增长，也可以采用 PLG/MLG/SLG 等不同的发展模式，但是实际上，这些都不一定适合每家企业。照本宣科是市场营销最忌讳的，企业需要拥有自己的思维方式。

对称思维。在搭积木的时候，搭建一个小房子很容易。但是在小房子的基础上扩充更大面积的时候，可能就需要改变房子的结构了。对企业发展模式而言也是如此。例如，1~10 阶段只要 5 个人的团队就可以管理得非常高效，但是当企业的用户量大幅度增长以后，这个团队的一些行为就会变得非常低效。

时间思维。这种思维在 SaaS 企业的内容营销中尤其突出，一些长尾渠道随着曝光的扩展，效果会更好。

路径思维。路径思维需要从用户的角度出发思考，完整列出用户会做什么、会怎么做、用户与产品的联系都是怎么发生的、第一步到最后一步可能是什么，从中找到规律和关键部分。值得一提的是，路径思维不仅可以围绕用户，也可以围绕企业自身。例如，从企业的业务环节出发，思考一个完整的链条是怎样的，将其不断拆分得更细，从中找到增长点。

所以总结起来，企业在不同的阶段增长内核各不相同，增长认知模型如下所示。

0~1 阶段：自增长阶段，由产品驱动，产品本身是增长的根本动因。1~10 与 10~100 阶段：定位阶段，由渠道驱动，购买理由是快速增长的动因。10~100 阶段后：文化阶段，由品牌驱动，品牌影响力是持续增长的动因。企业需要根据不同阶段的特点，从底层逻辑理解增长，如此才能设计有效的发展策略，从而解决发展难题。

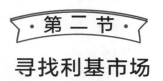

第二节

寻找利基市场

对于 SaaS 行业来说，如果短时间看不到盈利，那么企业必然需要建立高增长的模型才能生存。但是无论头部企业还是创业企业，其发展从来都不是容易的事，绝大部分企业的经营看起来更像是"挣扎"。

没有增长或陷入衰退的 SaaS 企业大多走入了一个误区：自觉或不自觉地把 SaaS 做成了软件生意。这种方式从一开始就阻断了企业自身的增长空间。

一、增长逻辑驱动增长

传统软件营销漏斗和 SaaS 营销漏斗—收入模型的不同如图 3-1 所示。

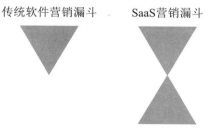

传统软件营销漏斗　　　SaaS营销漏斗

图 3-1　传统软件营销漏斗与 SaaS 营销漏斗 - 收入模型的不同

从图 3-1 可以看出，传统软件营销漏斗 - 收入模型为一个单漏斗型，一次营销的收入截止点在漏斗底部，要想增长就必须获得更多新客户。而 SaaS 营销漏斗 - 收入模型为一个沙漏型，除了一次收入之外，客户生命周期内的营销和服务并没有停止，因此会产生持续的收入。除了订阅续费外，持续收入项还包括增购、加购和交叉销售等多种内容，甚至还会有因客户介绍产生的新客户收入。

很显然，To B SaaS 业务比传统软件业务本质上有更强的增长潜力。

既然如此，那么为什么 SaaS 企业的增长不如软件企业？是因为有几个原因（包括但不限于）对 SaaS 企业增长制造有明显的限制。

（1）SMB 客户占比太大，客单价低且生命周期短。

（2）高客单价的大客户并不容易开拓和交付，数量少且效率低。

（3）客户流失率太高，流失原因包括弃用和客户企业倒闭等。

然而很多企业很容易陷入病急乱投医的误区，频繁更换领导层等常见模式很难为企业创建合适的发展模型。若再加上错误的目标导向（如市场目标是正确花钱、销售目标是更多提成、实施目标是配置系统、CSM 目标是二次实施和催收续费等）则更容易令企业错失发展时机。为了避免各种失误，在考虑怎样增长之前企业需要有一个系统框架，以指导整个组织的协作发展。To B SaaS 的增长系统框架如图 3-2 所示。

用户生命周期：从线索到价值				
预测/度量/分析				
更多高质量销售线索		更多高质量合约		更多LTV内收入
市场智能	销售绩效目标	销售支持/互动销售	销售执行	客户成功
销售工具				

图 3-2　To B SaaS 的增长系统框架

使用该增长系统框架可以很容易对以下几个重要内容进行定义。

（1）从线索到营收的业务过程明确了 3 个对增长最重要的目标：更多 SQL、更多优质的合约和更多客户终身价值。

（2）对应的业务组织：市场与增长、销售、成功交付客户。这 3 个目标之间的连续性将对每个业务团队形成追溯和绩效制约。

（3）通过 5 个紧密连接的典型业务支持企业长期价值和长期关系的目标。

（4）每个业务过程都有 IT 工具的支持；使用工具的目的是行为有效、业务加速和数据记录。

（5）可视化的数据管理，可以实现增长的可预测、可度量、可复制和可分析。

让增长系统化的好处是企业可以反复验证和持续改进，目标衔接并可追溯，平衡投入各部分增长资源并能将成功经验在组织内部复制。

二、把握核心撬动增长

有了增长系统为什么还需要增长杠杆呢？因为系统属于常规手段，只能解决有序经营问题，并不能解决实际的发展问题，系统只是增长杠杆的基础。事实上，业界现在最不缺的就是方法论和系统，而要想真正落地实现发展，企业必须依靠增长杠杆。也就是说，系统是通用的，而杠杆则是企业资产（媒体报道更多的是 SaaS 明星企业的高增速和高估值，至于他们是如何做到的却很少被提及）。

杠杆这一概念已经在投资、金融和经营中被广泛应用，具备"四两拨千斤"的作用。增长杠杆包含一系列动态的要素和指标。其中，要素指组织、流程、业务方法、工具和数据等所有可能影响企业发展的关键内容；动态指不同条件下通过组合与优化不同的杠杆要素配置，才能实现企业发展的效果。

现在人们只要一提到增长，基本会认为是市场层面的事，很多市场交流群里都在讨论病毒营销、流量、社交、推广、活动等"获客"行为。但是To B 类型企业的获客离获益还非常远，将大笔的费用砸到市场，然后静待增长发生，这种场景对 To C 类型企业来说屡试不爽，但对 SaaS 企业来说作用有限。

MQL 和 SQL 作为发展之源固然重要，但如果不能将其转化为交易和服务收入，那么所有投入也就等于打了水漂。所以，ToB 企业的发展发生于整个客户生命周期，而不是客户在某一点上的"灵机一动"；而实现发展的业务闭环离不开所有业务团队的协作。最后需要说明的是，即使效果显著的增长杠杆也不可能一成不变，即增长杠杆是动态的，针对不同的业务、客户群体、阶段，增长杠杆都需要得到调整或重新配置。例如，在营收从 0元到 500 万元的阶段和从 500 万元到 5 000 万元的阶段，几乎所有杠杆要素都需要调整和重新配置。

三、寻找增长专属杠杆

如果没有现成的增长杠杆可用，那么企业可以在借鉴的基础上构建自己的增长杠杆，这是一件事半功倍的事。直接复制国外高增长 SaaS 企业的做法基本不可行，笔者的亲身经历是在 Slack 公司崭露头角时，所在企业就亦步亦趋地模仿：从产品功能到推送邮件风格完全复制 Slack 平台，结果收效甚微，因为并没有搞清楚 Slack 背后真正的增长策略逻辑（也就是它的增长杠杆是什么）。因此正确选择和建立杠杆指标体系很重要。

（1）因为缺乏专业人员，所以许多 To C 人员转入 SaaS 领域。其突出问题表现在杠杆指标的选取和设置上。例如，国内 SaaS 企业经常将登录率、访问率、日活、月活这些 To C 业务指标用于 To B 业务的杠杆指标体系中。如果杠杆指标选错了，那么数据就无法正确反映实际情况。例如，每月客户流失率大于 2% 红线企业就必须采取措施。又如，收入每增加 200 万美元的企业就需要招聘一名 CSM。这些指标是否准确、适用于 To B 业务的企业暂且不说，但至少得先有对应指标，而国内多数情况下企业还是靠直觉判断。

（2）增长杠杆贯穿整个业务流程与组织设计，而不是各自为政，一个变了，另一个也必须跟着变。业务方法与工具的使用会让杠杆的效率更高；杠杆最终会起作用，但如果用时太久，那么也会让人失去耐心而被放弃。

增长有两个阶段。

①从 0 到 1 与从 1 到 n。假如企业的业务规模中等，收入从 0~1 000 万元是增长的第一个阶段（从 0 到 1），这个阶段主要任务是找原型客户验证商业模式，增长杠杆只有少数几个指标。

②当企业进入 1 000 万~8 000 万元收入区间的第二个增长阶段（从 1 到 n），那么可以发现第一阶段的增长效果显现，原来的好多问题已经不再是问题了（如对大客户销售更容易了）。但这一阶段也一定又会出现更复杂的问题（如规模招聘），企业必须升级增长杠杆，实现业务发展的规模化。

四、利用支点撬动增长

杠杆最重要的并不是要素和指标，而是支点。只有选对支点，杠杆才有倍增效果。什么才是 To B 业务增长杠杆的支点呢？笔者认为应该是利基市场，也就是细分垂直领域。

什么是利基市场？菲利普·科特勒在《营销管理》一书中给利基下了定义，他说："利基是更窄地确定某些群体，这是一个小市场并且它的需要没有被服务好，或者说'有获取利益的基础'，企业在确定利基市场后往往是用更加专业化的经营获取最大限度的收益，以此为手段在强大的市场夹缝中寻求自己的出路。"

简单理解，利基市场就是垂直细分后还没有强劲竞争对手且具有很强获利空间的市场。

在一个充分竞争的市场，参与其中的企业一般分为四类角色：领导者、挑战者、追随者、利基者。

在行业中，领导者一般占有最大的市场份额，在品牌建设、产品定价、新品研发、渠道资源等方面都起着领导作用。然而，"带头大哥自有其难处"，在占据市场领导地位的同时，领导者也常常成为众矢之的，他们操的是整个行业的心，也受制于行业的天花板。

而行业挑战者往往不甘心屈居人后，且具备一定能力对市场领导者发起挑战。挑战者的目的是增加自己的市场份额和利润，他们一切的战略目标都是与竞争对手直接相关的，所以，行业挑战者操的是行业领导者的心，对挑战者来说，结局就是"成王败寇"。

行业追随者一般指那些在产品、技术、价格、渠道和促销等大多数营销战略上有意模仿或跟随市场领导者的企业。大多数情况下，追随者可以让市场领导者和挑战者承担新产品的开发、信息的收集和市场的开发所需要的大量经费，自己坐享其成，减少支出和风险，避免因向市场领导者挑战而带来损失。但是，由于一直缺乏行业话语权和产品定价权，追随者的利润水平会受到压制，导致其在行业内处于"前有阻截、后有追兵"状态，只得在夹缝生存的尴尬地位，赚的是微利，干的是苦活。

利基市场只是大市场的一小部分，换句话说就是企业要找到利基，该利基越具体越好。不要选择 AI、智能营销等这种大范围的行业，这种行业非常庞大，涵盖了非常多细小的市场。直接选择这种大市场无疑就是和行业巨头正面较量，成功的机会往往渺茫。而企业要做的就是从众多细小市场中选择一个需求大、竞争小的市场，这样成功的概率就会更大。

表 3-2 是利基市场划定基础的示例。

表 3-2   利基市场划定基础的示例

市　　场	利 基 市 场	次利基市场
智能营销	营销管理	销售管理
人工智能	金融人工智能	辅助决策工具

其实，人们所选的大多数利基都可以进一步缩小范围（表 3-3）。

表 3-3   缩小利基市场范围

利 基 市 场	次利基市场
营销管理	工业企业中谁在用销售管理工具
辅助决策工具	美股市场中的金融辅助决策工具

从上面的内容里可以清楚看到，利基市场可以具体到非常细致的程度。企业选择的利基市场越细小、越专注，就越有针对性，推广的时候也就越简单。如果企业选择营销管理这个话题，虽然能吸引关注营销管理的人，但是实际上能吸引的人会非常少，因为企业的内容和营销会变得很抽象。但如果企业是服务于销售管理，那么企业的内容和网站设计就会有相当高的针对性，这样也就会对用户有足够的吸引力。所以要选择利基而不是大行业。

五、寻找利基市场的方式

了解利基市场之后，企业该如何寻找利基市场呢？理想的利基市场具有以下八个特征。

（1）它应是一个细分市场。

（2）它应具有一定的规模和购买力，能够盈利。

（3）它应具备发展的潜力。

（4）强大的竞争者对它不屑一顾。

（5）它的客户需求并没有得到充分的满足。

（6）企业具备足够的能力和资源以对它的用户提供优质的服务。

（7）企业已在它的用户中建立了良好的声誉，能以此抵挡强大竞争者的入侵。

（8）合适的"利基市场"不一定与企业当前的主营业务吻合，但是，必须与企业的优势领域相符。

在确定了细分的"利基市场"后，对企业而言更重要的一步就是选品，企业需要确保投入利基市场的产品符合目标受众的需求并能很好地解决受众痛点，以电商为例，下文给出了几个关于"利基市场"选品的参考建议。

（一）挖掘解决受众痛点的可能产品

根据历史销售记录（包括畅销产品、购买人群及客户人口统计数据）和市场资源（各类需求调研和社交平台互动内容）等，企业可以就目前备选产品所能满足的用户痛点进行调查，以确定有哪些新产品存在弥补市场空缺的可能性。

（二）寻找利基范围内更小的细分品类

企业要查看当前的利基和类别，并判断可以进一步细分的可能性。假设企业开设了一家网上鞋店，主要销售女鞋、男鞋和童鞋。童鞋可以被进一步细分为儿童跑步鞋、儿童篮球鞋、儿童足球鞋等。除此之外，企业还可以考虑定制鞋，如在童鞋上印上孩子的名字、照片、绘画作品等，为用户提供全新的产品创意体验。

在淘宝电商平台，挖掘这类细分产品的方法和主要工具包括搜索引擎里的下拉相关词、卖家平台生意参谋里的同行店铺热门关键词数据，以及流量里的选词助手数据等。

（三）研究用户感兴趣的品类

更新产品线是产品销售过程中循序渐进的工作，企业要在更新产品线前进行深入的研究，找到用户感兴趣的品类、产品趋势或解决用户痛点的新功能等，并与当前的商品相整合。

（四）寻找品牌和利基相结合的办法

在研究产品时，企业可以尝试寻找将利基和品牌关联的方式，推动产品在同类产品和品牌中脱颖而出。

实际上，最好的利基只有两个方向：第一个是人们感兴趣的事物，第二个是人们容易遇到的问题。即人们若将钱花在自己热爱的事情上，那么企业应该帮助他们获得快乐，而若人们将钱花在解决自己问题上，那么企业应该帮助他们解决痛苦。

选择利基市场的示例如表 3-4 所示。

表 3-4　选择利基市场的示例

热 情 利 基	问 题 利 基
兴趣爱好	健康问题
职业	金钱问题
宠物	成瘾问题
让他们快乐的事情	让他们痛苦的问题

对于 To B 初创企业来说，高速增长不可能依靠向多个市场出售多种产品和提供多种服务。也许有人认为做细分市场会限制企业的能力和梦想，没有太大的前途，但这其实是对利基市场的误解。利基代表着专注，即集中力量服务于一个特定的客户群体，也就是企业最有可能赢的领域。尤其是 To B 领域，利基狭窄并不代表发展空间容量小，利基市场的 To B"独角兽"比比皆是。

利基市场的最大好处是可以针对专注领域设计深入和精准的增长杠杆，迅速获取增量市场的收益。选择好一个支点就有可能开拓一个巨大的增长空间。如果企业已经针对大众市场进行了布局（如平台厂商），那么也可以通过服务于不同的客户群体将其变成多个垂直服务领域，从而实现并行增长。所不同的是多个支点就需要使用多个增长杠杆，这需要更多领域的专业团队，企业的运营也会变得更加复杂。

市场适配与差异化

当企业级应用进入 SaaS 时代，不同于传统企业核心系统的特性（复杂架构的数据模型、覆盖端到端的长流程业务），为了提升用户体验，SaaS 产品解决业务问题的侧重点是业务短流程、工作组协同，因而用户界面和产品功能越来越简单、直观，同时也引发了同质化程度越来越高的问题。由于 SaaS 产品迭代都很快，当厂商推出一个受欢迎的功能时，很容易被竞争对手"像素级抄袭"。

那么，SaaS 产品如何构建差异化优势呢？笔者认为有以下四个要点。

一、品牌定位品味

2005 年前后，即时聊天工具是当时中国市场上最主流的互联网应用之一，当时市场经历了微软 MSN 和腾讯 QQ 的竞争，最后以 MSN 退出市场而告终。虽说 MSN 落败原因被人们归结为其指挥体系受限于跨国公司组织治理，对 QQ 的竞争策略（如离线信息、快速文件传输等新功能开发）反应迟缓。

但实际上，MSN 和 QQ 的最大差别是品牌。当时，高收入阶层的外企白领是 MSN 的核心用户，其特性为低调、专业；而 QQ 则广泛普及于网吧顾客、学生和中低收入人群，其特性为活泼、俏皮。如果从白领用户市场角度考虑，MSN 是非常成功的；而从我国社会的人口分布来看，MSN 的核心用户在总人口比例上显得势单力薄，从市场大格局来说，难免"叫好不叫座"。

二、寻找标杆案例

办公协同和项目协同领域是最近涌现出来的 SaaS 热门领域，这些领域既有 Jira、Trello 这样的敏捷组织工具，又有 Airtable 这样的所谓低代码工具，定位为办公协同工具的飞书可以说是一个现象级产品。

飞书赶上了企业协同工作平台从企业社交网络阶段向下一代工作方式的数字化协同阶段转型。在产品理念上，飞书创始人认为企业社交网络建立了人与人的联系，而 Asana 是解决工作的工作，即建立人与创意、日程、任务、知识等工作对象的连接。

基于这样思想设计的飞书本身是一个通用的数字化协同工作平台，理论上可以被用于研发、运营、设计、营销、大客户销售、人事、行政等任何需要项目管理和协同、任务分配和跟踪的场景，Asana 本身为这些场景应用提供了很多项目模板。

飞书这类数字化工具的核心用户具有很强的数字化原住民特点，包括 IT 工程师、数字化营销工作者、设计师等，因此飞书很适合技术工作者的组织模式和工作习惯。

以数字化营销为例，整个企业数字化营销体系并没有刚性的、端到端的业务流程，相反呈现出基于数据分析、敏捷迭代的工作方式，因而在数字化营销的技术应用上不存在统一的平台，在营销计划和数据分析（金融服务因为风控等原因的特别需要）、媒体和内容管理、线索培育、商机开发和销售、客户服务和留存等环节都有相应的、不止一个的数字化工具，如图 3-3 所示。

飞书对市场尤其是数字化市场来说非常有效。数字营销的核心管理流程是营销活动管理，包括营销活动内容沟通、团队成员角色设定、时间计划、任务分配、创意材料开发和审阅、任务评审和审批、任务进度跟踪等。尽管只是一个通用项目协同工具，但飞书在很多企业的应用场景中就是营销活动计划管理，在市场上，它被认为是主流的营销计划管理工具，这也为它制造了与竞品的差异。

图 3-3　数字营销闭环

三、培植领先用户

近几年 SaaS 行业的销售模式从 SLG 向 PLG 转型，企业应用的购买重心也由 "IT 部门提出需求、IT 采购部门向市场开展寻源，供应商向企业 IT 部门及采购部门推销" 的模式向 "用户向公司决策部门推荐，并且不断地进行用户和功能的增购" 这种模式转化。

SaaS 企业要找到和竞争对手的差异，就要在产品同质化的竞争下通过差异化的产品调性、用户体验的打造吸引企业的铁粉。仔细琢磨飞书的广告词 "先进团队、先用飞书" 可以发现，不说 "企业" 而说 "团队" 就是这个道理——这和思爱普的广告词 "财富 500 强背后的管理大师" 相映成趣。

四、建立生态体系

在小规模应用时，SaaS 产品可能对企业内各种后台系统、业务相关的其他 SaaS 平台的集成要求不高，但是要在企业内实现大规模的用户扩展，就必须具有便于管理的连接和集成能力。

以创客贴为例，其个人的免费版和收费入门版都不涉及外部系统集成功能，其年费 199 元的商业版中提供了各种 OA、内容 CDP、营销工具的标准集成，充分体现了其面向数字化营销项目协作的产品定位，支持在数字化营销工作中整合人员、任务与客户数据平台、设计创意资料、数据分析工具等。

SaaS 产品可以通过第三方数据、第三方 API 网关或云平台工具完成集成，而提供外部工具直联的 API、支持外部接口开发的功能是 SaaS 产品建立生态的重要差异性能力。

第四章　SaaS 企业增长的基本功（下）

价 值 销 售

要实现增长，SaaS 企业最终还是要本着成交关单经营，需要不断地改进销售方式。那么如何实现销售价值的不断改进，怎么将成熟的销售方式复用到不同类型的 SaaS 产品上呢？

一、SaaS的销售需要有合适的方法论

SaaS 产品实际上是个新品类，业内还没有与之对应的通用销售方法。所有新事物都会引来各路行业外的销售者涌入，五花八门的销售套路一起上阵，最后导致 SaaS 企业销售人员流动频繁。

国内 SaaS 企业一直在模仿美国 SaaS 企业的营销推广方法：从增长理论、销售流程到岗位名称都照搬过来。然而，这一套方法并没有取得很多人预想的效果。

美国 SaaS 企业之所以营销成功，主要是因为有一批"极客用户"愿意尝试新生事物。几乎所有的 SaaS 企业在市场营销上都不吝啬。然而，针对 To C业务的一套经营方法（如流量、大数据、获客、转化等）在 B2B 领域就是自娱自乐，对销售几乎没有什么帮助。

B2B 销售理论虽是 SaaS 营销的基础，但将其用在 SaaS 业务销售上还是过于粗略。例如，饲料销售的目标客户——养鸡场必须周期性采购，否则鸡

就会被饿死，对养鸡场而言饲料是必需品。但对企业而言，SaaS 产品和服务并非必需品。

B2B 销售的下一个层次分支即企业软件，该分支也与 SaaS 产品和服务的销售方法最为接近，所以很多 SaaS 企业就把自己当作了软件公司。

企业软件销售的方法论之所以不能完全被套在 SaaS 产品和服务销售上，一个根本的原因是 SaaS 产品和服务销售不能再增加边际成本，如定制、二开。即使企业愿意用开发 SaaS 产品和服务的方式做软件也根本竞争不过传统企业软件公司。没有方法论支持，即便全靠销售员努力和勤奋也很难生存。SaaS 产品和服务销售之所以能存在，一定是因为有客户需要企业为其提供价值，而不是企业一厢情愿地在努力。

以往，SaaS 业务销售人员并不看重方法论，认为"找到什么武器，就用什么武器"。现在不行了，有用没用都得接受一些训练。很显然，重新"发明"一套 SaaS 产品和服务的销售方法论并不现实；SaaS 企业只能基于现实，通过进化过程找到发展路径。

同时，验证一个方法论是否有效并不是看其流程如何通顺，而是需要通过设定目标和设计路径测试其达成的效果和难度。有效、理论扎实、易用、低成本，通过训练即可掌握，达到以上目标才能被称为方法论。笔者将这些进化关键诉求注入 SaaS 产品和服务销售中，得到 SaaS 销售价值金字塔模型，如图 4-1 所示。

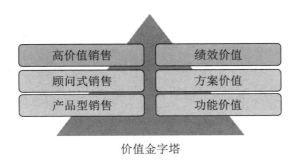

价值金字塔

图 4-1 SaaS 销售价值金字塔模型

二、产品型销售："有腿的"产品说明书

产品型销售提供的是功能价值。直到现在，产品型销售仍然是大多数 SaaS 企业主要的销售形式。高级一些的销售员还可以讲出特征、优势、利益等话术，而普通销售则通常是直接介绍产品。无论是什么方式，产品型销售都跳不出介绍功能价值的范围。

产品型销售遇到的最大问题是产品的同质化。首先，客户选择余地变大，导致销售方像菜场里的菜，被挑来挑去。其次，客户无须比较功能就能选择，销售员的作用无足轻重。最后，更致命的是导致价格战，令销售者不得不从，毕竟，质同价优永远是采购方最好用的"指挥棒"。

产品型 SaaS 销售员就像长了腿的产品说明书。如果对采购方没有增值，销售员就会变成 SaaS 企业的成本，可替代性很强。SaaS 企业产品型销售员越多，企业自身被淘汰的速度就越快。如果对手已经进化到下一级，也就是顾问式销售，那么产品型销售就会遇到天敌和克星，可能直接被淘汰。所以，产品型销售需要进化。

三、顾问式销售：靠销售顾问技巧谋生的顾问

顾问式销售提供的是解决方案的顾问价值，它所用的一套销售逻辑和方法论就是销售顾问技巧。市面上五花八门的所谓高级销售培训其实绝大多数都不是创新，仅是对销售顾问技巧的抄袭。

用一个患者就医的例子很容易解释销售顾问技巧：首先是医生通过给患者做检查找到患者身上的疾病，然后引导患者认识疾病会带来的严重病痛，只有治愈疾病才会继续快乐的人生。患者一旦决定治疗，销售就发生了，这就是销售顾问技巧。

笔者也是销售顾问技巧的笃信者，很多成功企业的销售逻辑也都是以销售顾问技巧为基础的。靠着长期使用销售顾问技巧，笔者所在企业曾经也拿

下了无数的大单，转到 SaaS 销售领域后销售顾问技巧帮助作者创造了奇迹。然而，笔者发现现在情况已经悄然变化，传统的销售顾问技巧似乎变得不再完全适用。笔者培训过的团队反映："客户采购时根本不按套路出牌，我们完全没机会用销售顾问技巧。""大客户自己也懂销售顾问技巧，都是老中医，就别互开药方了。"

其实，仔细分析就可以发现，销售顾问技巧的确存在弊端，特别是在互联网时代，有些技巧已经落伍了。

首先，医生（顾问）即使对疾病有正确诊断并能治愈，也不能保证患者余生就是幸福的，也就是说销售顾问技巧是以解决客户当前问题为中心，而非以增加客户价值为目的，用户对此次采购仍有否定效果的可能。如果是销售软件，销售人员可以拿钱走人；但卖 SaaS 产品和服务不行，因为客户还会有续费。

其次，销售顾问技巧只是关注了组织的问题，没有照顾到个人的期望，而采购过程中的每一个角色都有个人利益和期望。企业经营者千万不要想当然认为采购角色都会以企业利益为先，实际上支持或反对的方案很大程度上是由个人期望所决定的。

最后，虽然销售顾问技巧被认为是以客户为中心，但其本质上还是以（卖）产品为中心，客户对此心知肚明。

信息不对称的消除使买方和卖方变得同样精明，客户已经开始对销售顾问技巧免疫。所以，在 SaaS 产品和服务销售领域，销售顾问技巧虽然比 FAB 强很多，但随着时代发展，也遇到了"天花板"，也就是说达到方案价值空间的极限了。

在经济下滑趋势环境下，企业对解决问题的需求不再那么迫切，带病生存将变成运营常态，市面上的 SaaS 企业机会将会减少。一个产品型销售能卖 10 万元的单子，顾问型销售也就能提高 3~5 倍，很难再多了。要想做到数十倍于产品销售的单子，企业还得对 SaaS 业务模式进行扩展。

四、高价值销售：我要飞得更高

高价值销售提供的是客户的绩效价值。绩效价值就是在销售过程中为客户改善组织绩效所带来的可衡量的价值。这是不是听起来有点绕？甚至还有点虚无缥缈的感觉？但从销售进化方向回顾就很容易理解：产品价值相当于药物本身，顾问价值就是诊断疾病的方法，但是这两个都没有涉及身体未来健康问题，健康指标对应的就是组织的绩效价值。

下面一个案例就很能说明绩效价值。

在某子公司确定项目方案前，笔者受邀参加总公司年度战略规划会。从战略宣讲中笔者发现：原来子公司认为的功能性项目实际上是直接连接和支撑了集团某个重要的战略目标和绩效，所以总公司高层才予以重视。

这个案例可以看出：首先，原子公司认为的功能性项目既不是产品价值，也不是顾问价值，而是绩效价值。其次，绩效价值是客户高层想要的东西，也是竞争对手难以破坏的，更是采购决策层中持异议者无法直接否定的。最后，绩效价值关注组织利益的同时也关注了个体利益，而且是管理层中的个体。

下面再举一个例子。

一家公司招标销售培训，引来各路金牌讲师，报价也是无底线地降，但最后友商都没能入围。实际上这并不是一场普通培训，其连接了公司的一项战略目标。公司 IPO 需要实现营收增长 50%，相关绩效责任人不是 HRD，而是营销中心总经理，所以预算也不封顶。从绩效价值角度，客户需要的不是培训，而是要建立实现绩效目标的"销售地图"，培训只是训练销售员能够熟练掌握和应用。

以上绩效价值案例说明：金字塔每向上一层，竞争对手就少了许多，这是销售员想要的效果。销售员可能会说："我的 SaaS 产品离绩效价值有十万八千里呢。"但其实这是一个误解，无论怎样销售员也只是解决了客户实现业务目标路径上的一个障碍而已，多数情况下这就够了，因为客户本来也没指望靠一家公司就能实现整个组织绩效。

如果销售员无论如何都没法与绩效价值挂上钩，那么可能是没有找到可连接的客户战略路径，也可能是这个产品方向本身有问题。所以，绩效价值在本质上进一步扩大了价值的空间。这也解释了为什么同一个平台产品有人卖 10 万元，而有人能卖到 100 万元的原因。从这里也可以看出绩效价值与顾问价值的不同之处：顾问价值主要关注的是客户当下的问题，而绩效价值则面向企业的未来，价值空间就是从这里扩展出来的。

五、销售系统化：可复制的高手

读过《孙子兵法》的人很多，但真正的常胜将军却没多少。SaaS 销售的道理也差不多。在培训沟通阶段，笔者被问到最多的问题是："从产品型到顾问式，再到高价值销售，道理我都懂，可我做不到啊！"看起来高价值销售比顾问式销售更难，果真如此吗？如果说顾问式销售依靠的是顾问的个人能力，那么高价值销售则更依赖销售组织的能力，也就是销售系统。强大的销售系统可以构成销售组织的能力体系，形成对销售者的直接支撑，必须起到以下作用。

（1）它必须是一个价值创造系统，不断输入、加工和存储销售过程所需的"武器"和"弹药"。

（2）它必须有足够的说服力，就是说它同时也是一个说服系统，应有力度说服客户，以此降低销售的难度。

例如，"行业典型客户成功案例"这项内容很常见，但被很多市场部门做得千篇一律，毫无说服能力，因为市场部门根本就没有想到怎样帮助销售员签单。这个例子说明：销售系统只能由销售组织自己建设和维护。

销售系统不是一成不变的，它包含可进化的销售流程，也就是俗称的"打法"。培训能教会销售员什么时候用什么"招式"以引导和同步客户的采购流程。组织拥有一套销售系统对销售员来说是一项福利，能降低销售离职率和培养出更多的"高手"。如果组织没有销售系统，那么销售部门也可以自己建设，毕竟，"再烂的枪也好过烧火棍"。

据此可以重新定义销售的职能——创造产品之外的价值并向客户传递这种价值。

破 圈 营 销

成熟的 SaaS 企业主要针对 SMB，即 SMB SaaS，但是初创型的企业想要发展，必须有头部战略客户的支持。从 SaaS 业务的正向生长模式来看，SMB SaaS 在初期会聚焦于小企业客户，从客户成功的角度看，针对这类客户的产品需要花尽可能小的代价去立竿见影地影响客户。但这往往需要一个低接触的市场和销售模式以支撑有竞争力的价格，同时企业还要容忍较高的客户流失率。

一、典型方法

市场通行办法就是从 SMB SaaS 模式向定制化过渡，这又陷入了一个传统软件行业的怪圈——不断叠加的营销成本和越来越低的人效。但其实 SMB SaaS 企业更该走的道路是利用直观的产品体验和低接触的市场策略消减任何来自高端市场的竞争，利用产品牵引的增长计划，始终如一、循序渐进地向企业市场进军，一个季度接一个季度地赢得更多大客户，同时掌握对原有长尾市场的控制权。大多数 SMB SaaS 企业并不会放弃它们既有的客户类别（毕竟这是它们的基石性业务），此外，这些以产品为核心的 SaaS 企业还很善于利用它们聚焦中小企业市场的非公平优势。

它们破圈营销通常采取以下两种方式。

（1）客户拉动型：这些聚焦在 SMB 市场的企业倾向于支持面向增长的客户，因为这些客户的快速发展总是把它们拉向高端市场，在一些快速增长的细分市场尤其如此。例如，在电子商务和在线营销领域（如 Shopify、Yotpo、HubSpot 等）；具有高转换成本的领域如财务、人力资源和工资（如 NetSuite、Hibob、Papaya 等）；同时适用于中小企业和企业部门的产品（如 Tableau、Sisense、Gong 等）。在以上这些领域，客户的业务增长都会对 SaaS 企业的产品路线图产生自然的向上拉动力。

（2）自下而上型：这类产品非常典型地都以员工个体为目标切入点进而渗透至整个组织（如 Slack、Monday、SurveyMonkey、Notion 等），或者以某些特定领域的员工个体为切入点（如 Twilio、Zapier、Hashicorp 等以开发人员为目标）。可以看到，那些服务于开发者生态的企业如 DevOps 领域的 Pagerduty、媒体管理领域的 Cloudinary、产品新功能测试与优化领域的 LaunchDarkly 等都采用了自下而上的销售手法，在特定团队或个人方面抓住了关键机遇并借此把业务拓展到整个客户组织。

二、破圈路径

（一）以中小企业市场为起点

进军高端市场往往需要以中小企业细分市场为起点，但并不需要同时制定一个明确的策略以脱离中小企业市场。小企业客户的范围比 SMB SaaS 创业者想象的通常要大得多，也更加多元。潜在客户的数量是这一市场区别于竞争对手的关键质量指标，而这种多样性也意味着与其他细分市场相比，一些 SMB 客户在技术选择方面更为老练、更具洞察力。在大部分市场，SMB 这个细分领域的足够多样化也给了创业企业足够的空间，每个季度都可以获取更多更大的客户，却不需要刻意向中端或大型企业市场跃进。虽然要达到成功的巅峰还有很长的路要走，但 SMB SaaS 企业并不需要急于求成，因为那样做会导致业务不稳定。

（二）PLG 驱动增长，而非 SLG

产品团队应该在创始人的指导和支持下进军高端市场，不仅从合同金额的角度、更应该从客户组织及业务的体量和复杂程度出发，以认真评估大客户的价值。在进军高端市场、追求合同金额上升这些目标上，产品团队给团队施加太多压力可能反而会扭曲和损害业务。

当创业企业竭力追求高平均合同金额，产品、市场、销售团队会把注意力转移到少数大客户身上，而忽略中小企业这个核心业务。

相反，魔镜电商 SaaS 通过疯狂地聚焦于打造满足客户独特需求的产品而牢牢把握住中小企业市场。并没有试图开发一个可以吸引大客户的产品，而是专注于现有的客户，然后很多客户成长为大企业并拉动魔镜电商 SaaS 建立高端市场案例、巩固企业的市场的领导地位。

（三）防止市场进入引擎分裂

初创企业规模往往太小，无法将业务拆分为多个业务单元，因此需要在一开始就通过对现有"市场进入"策略的微调进入高端市场，这种做法可能会影响初创企业进军更大客户的速度。但是，许多 SaaS 企业会发现销售组织有一批客户主管或一个专门的大客户销售代表团队，前提是这并不需要另外建立一套新的、并行的"市场进入"的机制。

（四）盯紧大客户的关键指标

企业需要关注的是每个季度大客户关单数量和这些大客户是否保持较高的净收入留存率。创业企业不应因为更长的销售周期和获客成本而气馁，因为更低的客户流失和向上或交叉销售潜力将带来最佳的 LTV/CAC 比率。根据边值问题（boundary value problem，BVP）的"好""更好""最佳"SaaS 评价框架，这个比率不应该低于 3，最好达到 5 或更高。例如，电商营销平台

Yotpo 的季度交易量持续刷新平均合同金额纪录，同时通过自助服务在低端市场快速扩张，其平均合同金额保持不变。

（五）用高端市场的产品获取低端市场红利

高端客户市场的持续稳健提升不仅能扩大整体潜在市场规模，也可以帮助 SaaS 企业扩展其 SMB 核心客群。拿下大客户、被外界认可的客户有助于提升品牌力，进而提高客户转化和缩短销售周期。随着时间推移，客户将变得越来越成熟，他们也会希望使用一些原本只适用于大客户的高端功能和模块。用高端市场的产品吸引中低端客户不仅能帮助 SaaS 企业建立更加有效的向上销售和交叉销售的能力，也有助于降低中小客户的流失率。

（六）不放弃低端市场

当产品因为迎合高端客户而被添加越来越多的高级功能时，产品功能将变得臃肿，对小客户来说也变得越来越复杂，那么竞争对手可能趁机以更低价格、更简单的产品争夺客户。因此企业需要重新检视自身的基本产品功能集、入门经验和价格等，甚至可能需要专职的产品经理与客户团队并肩作战，以了解新客户在入门使用过程中感受不好的体验有哪些、如何解决等。

例如，用友在自己持续赢得大客户的情况下依然刻意加大对自助服务产品的研发投入。对那些在进军高端过程中忽视了低端客户的企业来说，有必要引入免费增值或自助服务的模式，HubSpot 和 Datadog 就是这样实现对长尾客户扩张的。同时，面对那些单位经济模型不佳的长尾客户，SaaS 企业必须当机立断，把他们留给竞争对手。

（七）不必过于忧虑大企业市场竞争对手的反击

如果做得好的话，SMB SaaS 企业可以在无须正式宣战的情况下赢得大客户竞争。但当着力服务大企业 SaaS 企业满怀希望向低端市场进发时，道路却往往会坎坷艰辛。就像 SMB SaaS 的创始人所知的那样，进军低端市场并不仅仅是禁用一些产品功能、调低价格或提供在线购买的选项，还需要提供极度简洁的用户交互和用户体验以支持低接触的销售模式，而做到这些需要独到的专业知识和耐心。因此，能够成功从高端市场向低端市场反向跨界的例子是极其少见的，所以不足为虑。

（八）关注自身盈利能力

如果不能对产品进行大幅调整以适应高端市场的需求和竞争，那么某些 SMB 产品进入高端市场的通路可能受阻。因为两个市场在产品功能、性能、集成等方面的需求可能存在巨大差异，以至于企业只能放弃尝试。甚至即使在产品需求上看起来两边都很类似，但关键的市场进入方法可能也相差甚远，以至于任何努力都是徒劳的。在这样的情况下，巩固自己在低端和长尾市场的领导地位将变得尤为重要。陷入低端市场的 SaaS 企业对战略投资者来说吸引力很小，因为他们必须实现盈利以掌控自己的命运。

放眼全球，最好的 B2B 产品都是先在小型企业客户身上磨炼技能，然后稳步向高端市场转移。随着时间的推移，将出色地使复杂产品具备易于使用的能力、低接触的营销和销售模式、独特的定位，这将帮助它们赢得更多大客户，最终获得压倒性的品牌认可，并凭借正向的净收入保持水平脱颖而出，这绝对是中小企业软件领域一大特色，如图 4-2 所示。

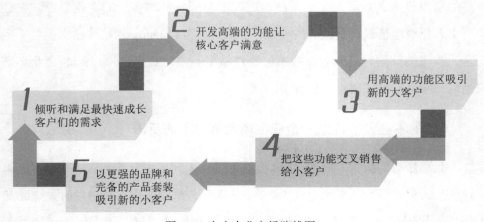

图 4-2　中小企业市场路线图

尽管大多数 SMB SaaS 企业在向高端市场的迈进过程中困难重重，但因高端市场的潜力巨大，那些能够实现目标的 SMB SaaS 企业付出的代价都是非常值得的。

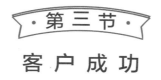

客 户 成 功

"客户成功"顾名思义就是帮助客户成功。连接 SaaS 服务商与客户之间的"双面人"常常要处理和平衡双方之间的众多矛盾点，如"客户满意度与企业投入管控""系统变更与客户即时使用""客户需求与企业研发资源平衡""通用需求研发和客户定制需求平衡"等。

一、从被动转为主动的服务能力

SaaS 企业在把产品卖给客户时会发现，客户实际上很难直接使用产品，因为客户往往并不了解产品能力的边界在何处，那么产品本身也将无法发挥作用。所以，为了使客户真实体会到项目整体方案，很多公司在成立之初就配备了客户成功部门，指导客户落地并沉淀总结实践过程中遇到的"坑"和方法论。相对于传统软件企业的一次性收费、服务部门一般只是被动解决问题，SaaS 软件企业的客户成功部门更偏向于主动推动客户使用和落地。

二、付费才是客户成功服务的开始

客户成功部门需要具有内外兼修的能力，对内为客户发声，对外为企业传递产品及服务价值。分阶段来看，客户成功部门在上手期应负责产品部署支持和使用培训，在使用期则负责产品使用答疑和持续推广，在续约期则负责产品续费和增购。

无论如何，对于 SaaS 服务企业来说，只有客户付费才是客户成功服务的开始，故续订或续约成为客户成功部门 KPI 的重中之重。除此之外，客户服务满意度、产品使用活跃度等也应成为客户成功部门的考核指标。

在实际工作中，客户成功部门要确保客户能用好系统，辅助客户做验收工作，进行产品培训，做好优秀案例分享，解决方案推介等，并了解客户的业务模型、业务目标，提供有价值的建议，帮助客户优化流程、方法。另外，还有项更重要的动作就是让客户能随时找到他们，并能针对客户提出的问题协调内部资源，提出解决方案。

三、推动产品迭代、客户运营能力

在服务客户时，客户成功部门强调把过程中产生的客户需求反馈给产品部门，推动产品迭代；对产生的方案和标杆案例进行总结，以作为市场营销部门对外传播的素材、销售部门对接客户和渠道赋能代理商的工具，同时助力行业解决方案的更新。SaaS 服务企业中的客户成功部门可以说是与客户关系最近的，是产品部门重要的信息输入方。其实产品部门除了被动地处理从客户成功部门发出的功能需求，还会主动就特定产品方向或功能请客户成功部门携客户需求部门做共创实践。但客户成功部门也要避免产品研发节奏被客户带偏，要避免因为某个客户的特殊需求而要求产品部门做更多非标研发。

例如，在销售明确客户意向后，客户成功部门就应介入前期沟通，以便能及时在正式合作后根据前期收集的信息指导客户使用系统，并关注客户使用系统前后对比，帮助客户解决问题。系统正常运行后，客户成功部门则要关注相应行业动态，提供相关资讯、成功案例等，提供更多思路给客户，主动发现问题、持续不断地为客户提供全方位的服务。

四、终极目标：业务增长和管理变革

随着行业竞争的加剧和客户需求的不断变化，SaaS 行业普遍面临一个问题：工具本身的替代成本并不高，如何才能高效留住客户、完全掌握合作的主导权？而当前的解决方案就是真正以客户为中心，帮助客户成功，只有这样才能真正有效地留住客户。这是一套完全以客户为中心的经营模型。

从整个行业生态来看，SaaS 行业的健康发展离不开高使用率和续约率，要为客户带来可见的价值和友好的产品以及服务体验，才能获得企业用户的续约，保障企业自身的健康发展。更重要的是以行业顾问等角色将先进的工具和方法带给客户并提供不限于产品本身的服务，和客户一起共同成长、共同成功。在一定程度上，客户成功部门取代了一些轻量级的业务咨询服务部门。

总的来说，企业坚守长期主义，始终以客户为中心，持续给客户创造价值，帮助客户成功同时自身也取得成功，这本质上是一种双赢策略。客户成功管理的目标包括为客户创造价值，同时提升企业自身的运营绩效和建立以客户为中心的文化。所以，这里所谓的客户成功是一种经营思维。坚持以客户为中心、以客户成功的视角看待企业的经营和增长，持续给客户带来价值、帮助客户获得成功，这是一种境界的飞跃。企业关注客户成功的目的就是避免客户流失多，尤其要避免新签客户越多，流失也越多。

这里展示两个模型，如图 4-3 所示，左侧是常见的 AARRR 漏斗模型，每往下一个漏斗，客户数量是递减的。而图 4-3 右侧才是更先进的漏斗模型，它的优势在于通过增购、复购让企业的后续收入甚至超过首次签单收入，这种驱动后续增长的引擎就是客户成功。

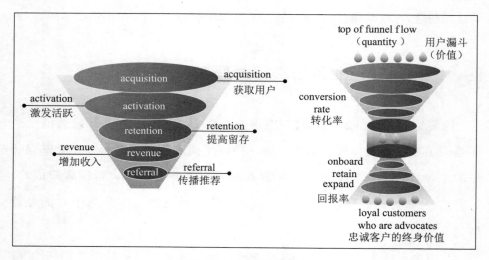

图 4-3　用户增长模型

　　所以，企业要重塑认知，切换到客户视角发现问题、解决问题，真正帮助客户降本增效。格局和认知打开之后，企业才会发现客户成功对企业的价值和意义之所在。

五、客户成功不等于客户服务与支持

　　客户成功不是客户服务与支持。客户服务与支持是与客户发生的被动式的、事务性的互动，关注的是产品服务在客户使用中出现问题后的反应及修复。客户成功则应主动式地、关系型地、更具生产力地贯穿客户旅程的关系管理。

　　客户服务与支持通常在回应了客户帮助请求之后就结束了，但客户成功没有终点，它是一个持续的、发展的、不断加强的过程。

　　客户服务的考核指标往往侧重于衡量服务支持交互的速度和质量，一般不考虑服务与支持之前或之后的事件。相反，客户成功关注的则是这些交互可能对客户产生的后续影响。

六、实现客户成功的关键要素

（一）全面洞察客户

客户成功的起点是以客户的视角全面洞察客户，站在客户的角度看待问题、思考问题，在接触客户的初始阶段，项目经理要充分了解客户的愿景、目标、组织架构、生命周期价值、所处阶段、痛点，并分析客户的使用阶段、使用场景、行为数据等。在完成洞察之后，项目经理要制定客户的成功标准，然后为客户制定切实可行的解决方案，在陪伴成长的过程中及时响应客户诉求，不断优化服务流程。

（二）提升客户体验和满意度

任何企业，只要它的产品或服务让客户体验不好或满意度不高，那么客户流失是迟早的事。

客户成功部门需要和客户建立畅通的沟通渠道，并有责任及时地把观察到的、听说的客户抱怨反馈给产品部门，及时解决问题，以提升客户体验和满意度。

（三）帮助企业沉淀方案、完善产品

作为接触客户最深的人，客户成功部门和销售部门不一样。

销售部门是通过挖掘客户的需求、痛点，出售给客户一个解决方案。但方案的实施落地过程通常会出现一些与预期不符的状况。

另外，客户哪怕买单后在使用产品的过程中也会遇到产品未能满足某些需求的情况。无论是解决这些实施交付中遇到的问题，还是解决交付后的问题，最终工作都会落在产品部门。客户成功部门因为离客户最近，所以对客户需求的理解更贴近客户的真实使用场景和业务痛点。相比销售部门，客户成功部门能更好地判断哪些客户需求是伪需求，哪些客户需求是真需求。由此可见，客户成功部门可以向产品研发部门传递客户的真实需求，打造客户需求的反馈闭环，帮助企业不断沉淀解决方案并将方案融入产品，帮助客户解决更多的问题。

（四）增加企业营收

客户成功部门是企业重要的营收来源之一，不仅是客户续约续费的原因，也是客户复购、增购的"催化剂"。开发一个新客户的成本大约是维护一个老客户的 6 倍，企业只要能多留住 5% 的老客户，利润就可提升 25% 以上。

客户成功部门可以不断挖掘存量客户的需求、做好续约和复购。企业通常拥有多条产品线，客户购买其中一个产品只是合作的起点。客户成功部门可以通过挖掘客户在产品使用过程中新的业务场景、业务痛点制造交叉销售的机会，从而让客户增购企业的其他产品。

这里要重点指出的是，客户成功部门要有一双慧眼，善于主动挖掘客户新的使用场景、业务痛点以匹配新的解决方案，从而带来新的产品销售机会。相比销售部门，客户成功部门每次在帮客户解决问题时更易觉察到客户的新痛点，因为销售部门在签完合同后往往会马不停蹄地去开发新客户了，与客户的沟通频率会大大降低。

（五）让客户参与客户成功计划

客户成功部门的一个关键作用在于沿着客户的价值获得感，分阶段、持续地增强客户的价值获得感，这种价值获得感升高到一定程度后，业务就能成交。客户最关心的事情往往不是产品本身，而是希望看到产品如何帮助他们改善现状。

·第 四 节·

客户旅程管理

所有的 SaaS 企业都非常关注客户旅程，《硅谷蓝图》这本书对客户旅程进行了清晰的概括，如图 4-4 所示。

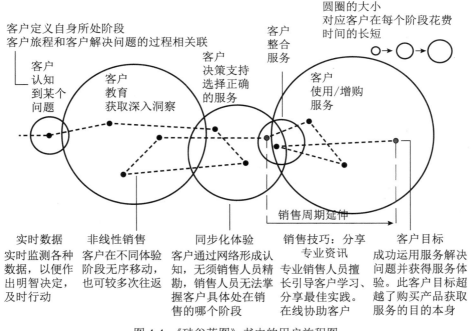

图 4-4　《硅谷蓝图》书中的用户旅程图

一、客户旅程的基本内容

仔细分析客户旅程不难看出，整体的客户旅程大致分为五个阶段。

（1）认知阶段。怎么让客户发现这个产品，吸引客户。

（2）转化阶段。需要帮助客户作出尝试的决定："要不要试一下这个产品？""注册一个账号？""下载这个应用？""它有什么好处？"。

（3）激活阶段。当客户决定尝试产品后，企业需要引导客户尽快完成各种必须的步骤，进行关键动作、体验产品核心价值。激活阶段开始时，客户的心理是："该如何使用这个产品？"而结束时客户的心理是："得到想要的了吗？"增长团队需要帮助客户回答这些问题。

（4）留存阶段。继续通过各种机制留住客户，庆祝客户的进展和里程碑、适时提醒和沟通、向客户介绍新功能等都是企业可以尝试的方向。SaaS 产品付费留存需要产品能够提供给企业价值，或者基于企业管理员诉求，帮助他实现了 KPI，所以通过数据统计功能告诉企业客户产品价值是很有必要的。

（5）变现阶段。当客户体验到产品价值，增长团队需要帮助客户回答的问题是："我愿意为它付钱吗？""值得吗？""有别的替代品吗？"这个决策以逻辑为主，客户要决定他所认为的产品价值是否高于产品的定价。

二、构建北极星指标

明白客户旅程后，企业还需构建产品的核心指标及唯一的北极星指标，才能在不断迭代中以增长为角度，更有目标性地优化产品。对 SaaS 产品尤其面向 B 端产品的来说，一开始就要把盈利作为首要目标，找到合适的盈利模式，所以企业常把营收作为核心北极星指标。但不同的产品阶段企业可以根据实际情况调整或设立不同的北极星指标。

拥有北极星指标及客户旅程后，企业可以对指标进行拆解，判断影响北极星指标的因素变量有哪些。在进行设计时，判断某个事情是影响增长模型的哪一个变量。

以营收为例，企业可以结合"SaaS 客户旅程"及"核心指标"拆解各个环节，如图 4-5 所示。

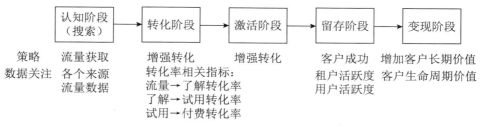

图 4-5　SaaS 客户旅程及核心指标

三、构建基于客户旅程的增长模型

根据对客户旅程的分析，企业可以组建增长模型如下。

初拆：SaaS 营收 = 新增付费企业租户营收 + 已有付费企业租户营收。

分拆：新增付费企业租户营收 = 试用（网站访问量 × 试用率 × 试用购买率）；

已有付费企业租户营收 = 已有付费租户数 × 续费率。

从以上拆分中，企业可结合产品当前现状及数据指标聚焦优先级，对某个环节进行优化。由于资源是有限的，企业可先聚焦于以下几个方面。

（1）搭建数据面板。根据企业核心数据搭建初期数据面板，然后根据产品情况不断丰富数据面板。

（2）梳理关键行为漏斗。在对增长模型的梳理中，企业可在每个环节搭建核心的增长漏斗。

例如，拆解客户最重要的三个行为，组建关键行为漏斗，这三个行为的转化率是企业需要重点关注的：

● 完成试用注册：使用人数。

● 使用关键功能：定义在产品中期望用户使用的最核心功能。

● 完成升级付费：试用版转化率。

根据以上三个关键行为，企业还可以进一步扩展，关注上下游的数据。

● 在官网上发现了解SaaS产品。

- 完成试用注册。

- 使用关键功能。

- 升级付费。

- 正式使用。

- 续费升级。

结合公式和现状可知，SaaS 营收 = 新增付费企业租户营收 + 已有付费企业租户营收。

第一步：企业可根据行业标准或自己的目标先解决明显的问题。例如，是新增有问题还是留存有问题，新增客户的问题中，是流量问题比较大还是转化率有问题。

第二步：整体数据指标向好后，做精细化数据拆分，优化过程。在优化的过程中发现数据问题或依据客户行为对客户不同环节优化，产品是用户价值与商业价值交换的过程，营收只是一个结果，但达到这个结果的前提是企业自身产品能满足用户想要的价值。

最后在整体的产品驱动增长过程中，每一个小环节的优化都值得被复盘。例如，可能是增加了标准，或者是样式进行了改变，造成了客户转化率的变化。每次阶段性复盘可让开发部门或项目合作伙伴增强对产品及服务的信心。

所以了解客户旅程后，企业应从以下几个方面制定产品发展策略。

- 建立SaaS客户旅程。

- 确认核心指标及北极星指标。

- 构建增长模型。

- 监控数据。

- 制定增长实验及复盘。

组织与增长

我国 SaaS 企业发展困难的原因，除了业务和产品本身存在问题以外，还有一个最重要的原因就是没有建立满足增长逻辑的业务组织。前文提到过 SaaS 业务发展的实质是收入的增长，更具体地说，是 ARR 的增长。这一增长过程包含了三部分的增长：新客户 ARR、扩展 ARR 和流失 ARR。

因为 SaaS 业务是订阅制，前期基本上是不盈利的状态，所以开始时 SaaS 业务不可避免地会产生损失，表现为深度负现金流。这就是 SaaS 企业初期有那么大亏损（注意，新客户增长得越快，损失也就越大，即负现金流的低谷更深）的原因。

所以绝大多数 SaaS 企业在盈利之前基本上都是靠融资生存，然而它们当中的绝大多数靠融资都支撑不到盈利，为什么会这样呢？这就需要回到生意的本质进行思考：企业究竟能不能盈利以及何时能够盈利。本章第一节就提到过理想的判断标准 CAC/LTV，但这仅是用于测算的标准，实际的标准会比这个难得多，具体的标准就是整体的节奏问题。何时踩油门？何时踩刹车？怎样把握烧钱获客的度？不烧钱不行，过度烧钱更不行，那么如何掌握这个节制呢？

业界通常都用 R40 规则，即以企业的增长率 + 利润达到 40% 为标准。因此，如果增长速度为 20%，就应该产生 20% 的利润。如果增长速度为 40%，则利润为正即可。如果能以超过 50% 的速度增长，则亏损 10% 也不是什么问题。这个规则大体上适用所有企业，是一个基本的参考。

另外，相比新客户增长，客户流失才是一个更难解决的问题，特别是流失客户与新客户的抵消可能直接给企业发展盖上一个天花板。

企业开展 SaaS 业务初期的客户流失并没有那么重要，但是到了发展业务的后期，即使 1% 的流失率也是非常恐怖的事情，对抗客户流失的方法除了节流还需开源，流失问题的最终解决方案是获得负流失，也就是扩展新客户。一些海外 SaaS 企业的净金额留存率（net dollar retention rate，NRR）之所以很高，是因为它们不仅没有流失客户（与国内情况类似，特别是 SMB 和 VSB 的客户流失问题一样严重），还通过发展新客户实现了负流失。这不仅弥补了客户流失带来的损失，还增加了企业的收入。SaaS 创业路线图如图 4-6 所示。

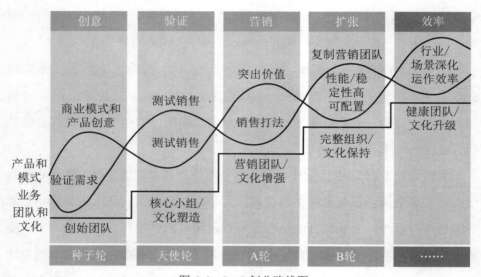

图 4-6　SaaS 创业路线图

自 2020 年的全球新冠疫情以来，各传统行业迅速提高的数字化渗透率使 SaaS 行业迎来一段红利期。然而，两年之后，不少企业猛然发现，营收增长的背后不是盈利增长，而是亏损的加剧。他们本以为从几年前产品力的角逐中脱颖而出之后就稳了，没想到紧接着就踩进了组织力不足的"坑"。亏损加剧的背后是组织力不强造成的客户流失及研发、销售费用的提升。面对企业裁员、融资节奏大幅放缓，企业 CEO 和投资人都不禁感慨："组织力是 SaaS 企业万万不可忽视的核心竞争力。"

为了赢得发展机遇，企业需要建立一个什么样的 SaaS 营销服务团队？还有，采用什么样的业务方式？如何培训和训练才能支持和实现上述发展逻辑？

一、对营销团队的要求

SaaS 企业创业往往会经历五个阶段，分别是创意、验证、营销、扩张和效率。笔者曾任职的 SaaS 企业大部分处于营销、扩张阶段。在营销阶段初期，有些销售能够出单，但相当一部分新人是完不成销售任务的，这种新人过多就很容易使企业陷入一个不断招人，不断流失人才的循环中。

这一现象表明企业组织的复制性出了问题。更具体一点讲，是整个团队的销售方法缺少标准，导致新人只能依靠自我发挥，无法依靠组织提升自我能力，使新人留存的难度极大。实施团队、客户成功团队也会遇到相似的问题。普遍的解决方法是先通过最佳实践把流程固化下来，再通过比较强有力的培训赋能团队，经过先僵化，后固化，形成习惯之后再灵活地优化。

以销售团队来说，高级销售们往往被业绩压得喘不过气来，但这并不意味着组织力建设的大方向是要保证每月业绩的完成，因为组织力建设的大方向应该是先打造高质量的销售标准作业程序（standard operating procedure，SOP）然后在实践当中不断调整，什么阶段该有 SOP、什么阶段该升级 SOP，要持续地优化，而不是指望销售人员听一节课就能解决所有问题。

二、标准流程全线赋能

从销售链路来说，企业不能过于依赖高级销售的个人能力，而应依赖组织的力量完成目标。企业应该在梳理业务流的同时告诉销售人员如何赢得客户、如何定义客户、各个阶段应该做什么事情。一方面要把售前、销售和交付融为一体并为结果负责；另一方面需要针对业务场景建立专门的组织，输出整个行业的解决方案，也要针对客户交付解决方案并赋能业务一线，组织培训和实施知识赋能。

第五章　构建增长思维

用户思维主导增长

在近 20 年的经济发展周期内，我国企业营收增长主要靠市场红利驱动，而今进入存量时代，企业需要回归经营本质、重构商业模式，找到核心的增长点——用户，才能突破瓶颈，实现跨越式发展。

前文已经提到了《硅谷蓝图》一书中将客户旅程分为五个阶段，实际上每一个阶段都离不开客户，而每一步的发展都围绕着客户旅程对 LTV 的极致追求，这就是很多企业将客户成功与营销并行的原因。

实际上，以客户为中心满足了 SaaS 企业独特的商业模式追求，它涉及所有面向客户的员工（营销、销售、客户成功），并强调在整个客户旅程中始终如一地发现、沟通和交付业务的重要性。

除了漏斗模型中的传统步骤——意识、教育和选择，SaaS 企业的销售方法还增加了注册、使用和扩展，它着眼于客户的生命周期价值，而不仅仅是在签署初始合同之前发生的事情。

传统营销和销售都是各自为政的，这造就了使用资格标准的交接点。为了使 SaaS 销售成功，企业必须从资格驱动销售转变为影响驱动销售。迄今为止，这种思维方式的转变是大多数国内 SaaS 初创企业面临的主要问题——以销售传统企业软件的方式销售 SaaS 产品。

一、以客户为中心的三大原则

以客户为中心其实是多种因素（原则）共同决定的，并不是完全依照单一因素。而以客户为中心就必须做到以下几点。

（一）以情景交流，而非优先演示

大多数不称职的销售员与客户建立联系后第一句话就是："您这边什么时候方便，我可以到您公司演示我们的产品。"或是"我们可以线上给您做演示。"这是典型传统销售员思维，即以产品（商品）作为与客户沟通的桥梁，将商品的出售作为销售旅途的目标和终点。

据统计，90% 以上的企业用户更倾向于自主了解 SaaS 产品，而非接受来自销售员的指导。PLG 策略可以顺应客户的行为喜好，以产品作为核心适应客户自己了解产品、自行选购续费的习惯。SaaS 企业销售应从客户购买产品开始，并将服务一直延伸下去。

以客户为中心的销售应将与客户的同理心放在首位，这意味着销售员要了解客户来自哪里及可能面临的具体情况。千篇一律的演示文稿缺乏个性化内容，无法根据客户的个人需求和经验调整交流方式。

（二）引导式提问，不要过多地直接提供意见

同理心是以客户为中心的销售核心，销售员要优先站在客户的角度提出与客户相关的问题，而不是生硬地直接提供意见。

要优先让客户认为销售员是站在他那一边的，是真正关心自己利益价值最大化，并且了解自己的核心问题和需求的，然后才能提供解决方案。

切忌在与客户沟通时以自我意见主导对话而不考虑客户的观点，应该在真正意义上以客户为中心。

（三）要针对决策者而不是非核心客户

过去，很多销售员在与客户达成合作意向后并没有及时把握与决策者的对话机会，反而将更多的精力放在与非核心用户的沟通和需求的深入定制问题上，导致最后丢单。

以客户为中心的销售应侧重产品的使用，以及可以持续为客户解决的具体问题，应该多关注产品的功能，更多关注产品的日常使用情况。

二、如何以客户为中心

了解了以客户为中心的核心销售准则后，在实际操作的过程中应该如何做呢？

（一）使用工具（CRM）进行客户资料管理

CRM 系统对简化销售流程和促进增长至关重要。每一条客户和潜在客户的数据都应该被保存在 CRM 中，CRM 可以按照企业自身情况设置销售流程和渠道，并且动态地保存客户信息、电子邮件记录和营销活动记录。

企业每个人都应该有权访问 CRM，以便减少多余的任务和信息、为客户提供更好的服务、跟踪有关销售团队绩效的分析。在 CRM 中管理好客户资料将使企业在客户购买产品的各个阶段能为特定的客户群体开发有针对性的营销。

不用客户管理工具（系统）就不能打造以客户为中心的销售团队吗？答案是肯定的，这意味着企业的销售团队将花费大量的时间和精力在客户资料的管理上，而无法更加专注地投入精力在服务客户上。

（二）专注于帮助客户购买产品

帮助客户是所有客户服务的基准，前提是与客户建立联系并且让客户了解产品或者购买产品。

为了更好地吸引客户，企业的产品需要为客户提供解决问题的价值，帮助他们下决定、解决问题。"引导"是关键要素，在销售团队与潜在客户交谈之前接触越多越好。尽早研究客户需求，帮助他们发现问题，建立信任关系。

（三）协调销售部门和市场营销部门，获得更高质量的潜在客户

销售部门与市场营销部门要紧密合作，并且要统一合作的目标，否则容易陷入"各立山头，各自为营"的状态。

营销团队往往只负责宣传，并不在乎潜在客户质量如何，而销售团队每天都忙碌着与各自潜在的客户打交道，要花大量时间判断潜在客户的质量。

销售和营销团队应该一起开发理想的客户角色，可帮助营销团队为特定客户量身定制内容，并帮助销售团队在遇到理想客户之前更好地了解他们。

销售团队和营销团队还应该集思广益。销售员通常会列出经常收到的问题及客户反馈，包括有用的博客文章和社交媒体内容。

如果潜在的客户可以在企业的博客上得到答案，而不必打电话给销售员，那么他们就会欣赏企业的诚实、透明和效率，从而建立更多的信任。

企业的销售和营销团队保持一致将更容易吸引新的潜在客户并使销售业绩增长，营销团队也将使用入站营销内容限定潜在客户。

（四）让客户轻松完成购买流程

在客户学习或试用企业的 SaaS 产品时，几乎不可避免地会遇到一些问题。他们可能会遇到一些产品的小故障或错误，尽快识别和解决这些问题很重要。

销售团队将识别客户在使用系统时遇到的困难。企业还可以调查客户以获得反馈，从了解产品到购买产品、使用工具及联系企业团队以获取销售和

支持，对客户一切都应该尽可能简单。

（五）跟踪销售指标

为了将开发、营销和销售重点放在以客户为中心的目标上，跟踪和监控销售指标非常重要。

企业应制定客户服务的指标并定期监控进度，如果某些内容不起作用，则要及时更改。企业还可以在 CRM 系统中跟踪销售流程和销售渠道的指标，以确保客户不会被遗漏。这些指标还可以帮助企业深入了解企售团队的绩效，并识别企业内部缺乏一致性的领域。

第 二 节
数字化工具

当企业面临流量匮乏、增长疲软的困境时，要想实现增长，就要通过实验验证的方式找到最佳的发展方向，并通过工具链与标准化流程提升工作效率，最终才可能解决规模化增长过程中的效率与稳定性问题。

从市面上可以看到很多关于企业效率的工具，这背后实际目标都是为企业提供规模化增长的工具链和标准化流程。

一、什么是增长工具链与标准化流程

一个典型的案例——截至 2019 年 9 月 30 日，瑞幸咖啡从创业到现在已有 3 680 家门店，门店如何选址？生产管理要怎么做？不同人做出来的咖啡品质怎么保证？

  曾有篇文章里说，瑞幸每一笔订单的完成时间被规定为 2 分钟，这要如何保证？其背后依赖的就是一套"订单管理系统 + 自动咖啡机 + 监控系统"，订单系统可以自动向门店分配订单，某一个门店订单过久就会被分配到附近门店，同时系统数据还可以反馈哪个区域适合新开门店。另外，自动咖啡机保证了咖啡口味的统一，监控系统保证了操作流程的规范。

  其实，所谓规模化增长背后的工具链与标准化实践是在找到有效的增长方式后，针对增长模型下各环节的操作手法开发有效的工具或建立标准化执行流程，提高发展效率，放大发展规模。

  要实现工具链和标准化，需要围绕一个有效的增长模型搭建一个增长架构，模型如图 5-1 所示。

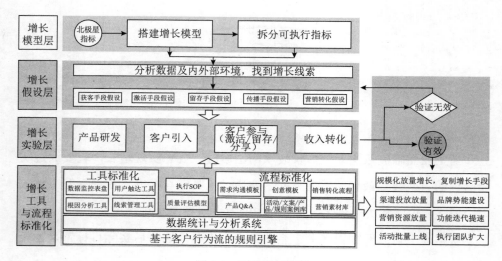

图 5-1 有效增长模型

  这个模型一共分四层，这四层也是一个企业团队从搭建增长模型到进行增长实验再到规模化发展的流程。

  第一层，增长模型层。这一层企业需要根据北极星指标搭建增长模型，并针对增长模型的每一个环节设计指标，是将北极星指标拆解为可执行指标的过程，而可执行指标则是用来衡量增长实验有效性的标准之一。

  第二层，增长假设层。该层将围绕增长模型和可执行指标，通过数据分析提出增长假设。

第三层，增长实验层。增长实验分为 4 步，也就是产品研发、客户引入、客户参与、收入转化，每个步骤下又包含了很多小的具体操作，如运营的海报、文案、渠道、推广时间点对结果的影响，以及产品的 UI、按钮位置、引导文案等对结果的影响等。

第四层，增长工具与流程标准化。这一层的作用是通过各种标准化的工具和流程提升实验上线及结果检验的效率，与实验层互相指导，实验层所进行的实验会将验证的成果填充到工具层，同时实验的需求会驱动工具的生产。

在这个架构下，增长工具与流程标准化是企业实现规模化增长的基础，做好工具与标准化流程可以有效提升增长实验的效率，同时指导大规模发展的执行。

二、增长工具链与标准化流程的作用

下文以 SCRM 私域工具服务的一个客户说明增长工具链与标准化流程的作用。

"××学英语"是一家教育机构，以基于私域流量的社群营销玩法搭建出了一套增长模型，通过低客单价的小课将客户引流到社群，进行为期 10 天的课程学习与服务，并在服务过程中进行大课营销转化。

在执行层面上，"××学英语"的社群营销团队分为活动运营、内容运营、培训组、产品运营 4 个小组，活动运营、内容运营围绕社群转化链路的各环节进行增长实验，目的是找到最好的活动、文案，由培训组负责培训兼职销售，规范兼职销售的社群管理动作。

围绕客户参与体验课的这 10 天时间，"××学英语"构建了精细化的社群营销抓手。由于是兼职销售模式，公司需要给销售更多的支持。具体精细到什么程度呢？下面以建群环节的规范性来说明。

（一）建群前发朋友圈

"××学英语第 24 期集训营开班预热啦，今天 15 点小秘书将邀请您进入开课前的预热群，请您及时同意小秘书的进群邀请哦！本周将开设三天英语启蒙课前预热和清华学霸兰心老师关于英语启蒙的讲座，赶紧邀请好友进群收听吧，扫码即可进群！"

配图：3 张课程表 +3 张课程介绍图 + 福利讲座图 + 讲师介绍图 + 招募图（后 3 幅图打上二维码）。

（二）建群前私信

"家长您好，你报名的 ×× 学英语第 24 期集训营今天建班了，请及时接受小秘书的邀请进群！"

三、如何建立增长工具链与标准化流程

规模化增长的核心是建立工具链与标准化流程，那么该如何建立工具链和标准化流程呢？

当前看待增长，笔者更倾向于做实验，只有亲自落地才能实现规模化的增长。整体流程分为：制定北极星指标→拆解北极星指标→制定可执行指标→通过数据分析找到增长线索→根据增长线索提出增长假设→针对增长假设进行增长实验→根据实验结果进行验证和修正→更大规模采用实验方法实现增长。

这一流程实际分为三个阶段：增长实验落地→实验验证→规模化增长。

围绕着"增长实验落地→实验验证结果→规模化增长"三个环节，要找到每个环节的执行流程，对执行流程做梳理并抽象流程中的关键环节，针对关键环节制作工具链和标准化流程。一般来说，这三个环节包含的工具和标准化流程如图 5-2 所示。

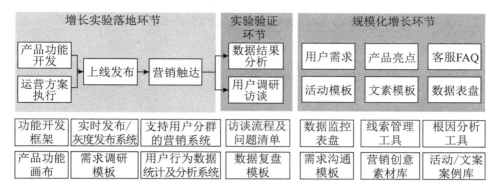

图 5-2　增长标准化流程和工具

四、标准化过程中的常见问题

因为工作的原因笔者调研了近百家企业的团队，很多团队在尝试推进工具链与标准化流程，但也会遇到很多问题。

常见问题包括：系统不能解决个性化需求，制定了标准化流程但大规模推广时没有人用，开发工具与流程的过程占用很高的人力成本等。

增长实验本身就是尝试找到新的发展方式的过程，这个过程很复杂，那么如何开发可靠的工具并制定标准化流程呢？

在那些成功提效的团队中，笔者找到了几个共性。

（一）开发工具与制定标准化流程应在实验验证成功后才开始

这里包含两层含义。第一层含义是实验成功后，面向更多人推广发展手段时需要标准化。例如，要给渠道团队一份清晰的渠道画像，给活动运营的团队几份活动模板及活动 H5。第二层含义是在实验过程中如果多次遇到同一个需求，那么就需要开发工具和标准化流程来提效。

（二）开发工具与制定标准化流程同样要有最小可行性产品（minimum viable product，MVP）的思维

工具与标准化流程并不是一蹴而就的，其需求来自实际使用的人，实验环境下具体工作的负责人就是整理工具需求与标准化流程的不二人选。开发出来后，工具与流程同样要在小范围内经历测试，不断迭代。

（三）开发工具与制定标准化流程首先要定义问题，明确边界

每个工具与流程都只能解决一个具体的问题，企业要对解决什么问题、解决到什么程度有合理的预期和定义。工具与流程只能解决做事方法的问题，不能解决人的问题，不要把人和事杂糅在一起看待。

例如，开发以互联网从业者为主要目标用户的产品，为了获取新用户，可以提出一个通过对产品活动的分析来引流的方案，这样优先要解决的问题就变成了如何批量生产这些产品。这件事怎么标准化呢？

可以分析市面上关注度高的产品活动案例，做一些用户访谈就可以发现，用户 70% 的注意力聚焦于这个案例具体怎么回事，30% 的注意力聚焦于观点，而更多用户表示会去看行业分析和"大咖"分享。

（四）工具与流程不是指导原则，而是对执行结果的要求和执行过程的抓手

这句话怎么理解呢？还是用 SaaS 里面产品上线的 SOP 做说明。

关于写案例的方法有很多，但大多遵循一些原则，如要找知名度高的品牌、要交代案例的数据等，但这些都是指导原则，而有效的工具和流程则是对结果的要求。

某家公司的案例分析文章 SOP 中，第一步要求笔者提交一份选题申报表，要求选题模板里写明一些关键信息，以产品案例分析文举例，包括产品上线时间、用户数量、最新版本发布时间及功能、最近 10 次版本更新内容、用户行为流程图、用户积分规则等，同时还要求为每一项内容提供找素材的

渠道、分析的方法。

按照这个模板规定的内容，笔者需要分析与产品相关的内容，这些信息如果有效，就可以保证这篇文章的内容是翔实的。同时将针对每一项内容的信息给出渠道来源，像"用户行为流程图"这样没有现成信息的内容，则应提供方法说明，这些信息为笔者提供了抓手。

之所以很多团队在制定工具和标准化流程时效果不好，大多是因为没有深入实际使用者的设计场景中，对很多非标准的执行过程，一定需要参与到一线工作中去总结。

大规模增长的工具与流程标准化所需要的并不只是一套高端的系统（当然，像数据分析工具神策数据、协同办公工具飞书、企业微信等是需要的），更需要的是在深入执行过程中提供工具。

在笔者调研过的很多参与活动的企业中，没有技术开发资源是它们最大的问题，有时候为了追热点做活动，热点都过去了活动还没开发完。例如，小满科技的游戏 SaaS 提供了包括抽奖、砍价、集宝这些常规活动形式的 H5 模板，运营人员只需要更换活动背景和规则即可，极大地提升了效率。

为什么增长需要实现工具链和标准化流程呢？

笔者调研了 100 多位从事企业工作的人士，在调研中发现，企业发展计想要落地，会遇到 3 个痛点。

很多初创企业几乎没有增长团队，只是管理者在单打独斗，依靠出卖创意实现增长。企业缺少像数据分析这样的基础工具，数据统计做得非常粗糙，没有办法满足精细化分析的需求。例如，某家做海外电商的公司有一个产品经理专门负责增长，主要工作是设计像签到、分享等功能以提升产品留存。

在一些中等规模的企业里，增长团队的核心工作是搭建增长模型，进行数据分析找到增长线索，通过 A 或 B 测试找到最优增长方法，这些团队遇到的问题是效率低，通常一轮增长实验要进行 2~3 个月，而制约实验效率的是执行过程。

除了以上两种，很多企业的痛点还包括验证了实验想法之后没有办法进行大规模扩张，强行依赖某项资源。以私域流量的做法为例，私域流量的模型是通过外部投放或裂变将用户引流至微信群，通过群运营引导用户产生购买或下载等行为，如果在实验环境中跑通了这个模型，那么想要实现规模化增长至少需要考虑 3 个问题。

（1）是否构建了渠道质量评估机制？如何确保投放渠道的转化率稳定？

（2）是否构建了社群服务流程与抓手？如何保证不同运营人员的运营效果？

（3）是否构建了后续的服务流程？如何延长社群转化流量的用户生命周期？

增长工具链与标准化流程的作用在于从内部管理的角度支撑增长实验落地与发展策略的规模化执行，不断用实验验证的方式找到最佳方案，这其实有些类似"中台"的作用。

在流量越来越匮乏的当下，企业不仅要通过增长实验找到增长线索，还要通过实验验证的方式找到最佳增长手段，并通过工具链与标准化流程提升发展效率，最终实现提升规模化增长的效率与稳定性。

·第 三 节·

B2B 企业中 To C 模式的复用

近年来最火的商业概念莫过于 DTC 模式了。所谓 DTC 其实就是消费者直连的销售模式，即由品牌商完成从产品研发、生产与销售为一体的全链路。这种商业模式在 C 端消费品中的应用很好理解，就是去电商中心化，也就是商品通过企业商城、网站、公众号等直接卖给客户，不需要任何一个渠道商分佣，其狭义的理解就是私域运营。

可以看到，C 端消费品如火如荼的营销模式带来了企业的极限增长，甚至小品牌也能够实现弯道超车。那么 SaaS 企业能否应用 DTC 模式降低营运成本、提升转化效率，实现营收和用户、生态覆盖的多线增长呢？

一、SaaS企业为什么要用DTC

（一）关键决策者也只是消费者

有人说，SaaS 企业本身面对的是企业，所以用户不太重要。但是在各种营销手段泛滥的今天，B2B 企业的决策者本身也是一种消费者，只是在基于企业业务选择产品和服务的过程中，需要假定的场景和决策因数比消费品类自我决策的过程链路更长、制约因素更多。如果能通过有效的途径与关键决策人形成强链接、深沟通，那么将对 SaaS 产品的推广起到决定性的作用。

（二）inbound 营销为 DTC 提供土壤

SaaS 企业官网承担的内容包括产品检索、产品卖点介绍、产品功能解析、产品报价（订阅式服务）、行业解决方案、客户案例、服务标准、品牌介绍等，用户在浏览的过程中每一个行为都为决策提供了依据，这些行为数据能够很好地指导 SaaS 企业针对性地研究产品重心，最终提高成交率。

同时，官网、minisite、公众号等承担的任务都是企业产品、服务能力的全面展示，对订阅制 SaaS 来说，实现自动在线交易就是 DTC 模式最直接的结果和路径，从这个角度来说，数据的积累能够直接保证 SaaS 营销的效果。

（三）长期主义等于市场投资回报率（return on market investment，ROMI）和收入留存（net dollar retention，NDR）

SaaS 这一商业模式的核心在于 LTV 周期内客户价值的最大化和 NDR 的持续提高。这就要求企业关注持久的成功，而不是为了短期的量过度提升客户首次关单的价值，应奔着关注优质产品服务，为客户解决痛点的品牌形象持续不断地投入。

从以上观点看，SaaS 企业具备应用 DTC 模式的良性土壤，但往往受限于企业本身营销思维的固化、长期养成的习惯，以及洞察终端消费者的漠视。无论是从 SMB 市场中去关注终端消费者的使用效果还是从关键客户（key account，KA）的角度，有针对性地提供私有化部署的、专业且个性化的解决方案都只能加大成本投入（包含人力成本、公司营运成本），从而到达扩展的阶段。

二、规模化复制SaaS企业发展模式的瓶颈

中美之间的 SaaS 行业差距有多大？大概是 10 倍。尽管我国 VC 推动了将近 1 000 家本土 SaaS 企业，但是绝大多数 SaaS 企业都没有撑过 A 轮融资就销声匿迹了。

随着后疫情时代共生模式的出现和发展，中小企业意识到数字化存量降本增效的问题，但是国内的 SaaS 企业依然面临一个核心问题：这到底是软件业务还是 SaaS 业务？

受限于营运成本的持续升高，国内 SaaS 企业基本上很难盈利，因为绝大多数情况下这些企业都依靠投放和销售自拓获得新用户，进而通过长期的销售跟进和 CSM 服务形成交叉付费，实际上这样的方式缺乏创新，且本土企业的需求呈现出多样化、复杂化的现状，所以 SaaS 企业的产品很难得到规模化复制。

有一次，笔者和一个云 CC 公司的联合创始人聊到了他们与竞品的核心能力差异。实际上在云呼叫领域，AI+营销成了各家产品迭代升级的统一方向。容联七陌在云呼叫领域深耕多年，但是在垂直行业的拓展稍显不足；天润融通一直只面对大客户提供大型呼叫中心解决方案；智齿科技从原来面对中腰部企业提供智能外呼产品转向接入 SCRM 提供客服＋营销的解决方案……从本质上说，这三家的产品同质化严重，如果后期要持续规模化复制

应该还有不小的难度。原因在于他们的业务在营销策略和产品策略上依然很难创新，加之各家虽然都提倡 AI 赋能，但实际上 AI 的变现并不智能，所以无法构成产品壁垒、与竞品拉开差距。

面对这样的情况，绝大多数企业或者融资相对比较快的企业在通过快速复制抢占市场达到稳定增长以后，都希望通过实现定制化、生态化的需求对产品进行模块封装、支持用户二次开发和交付。实际上，这样的产品并不具备标准及持续性，所以难以靠产品驱动增长和规模化复制，月度经常性收入（monthly recurring revenue，MRR）和 ARR 也不具备持续性，所以客户的 NDR 和 LTV 一直得不到持续稳定的增长。

也有一些企业希望通过开发 API 进行生态赋能，解决企业内部不同异构系统之间的适配问题，从而打破信息孤岛，加速信息协同。尽管几乎所有企业都在提倡生态化，但是绝大多数 SaaS 平台都在按照自己的规则和协议构建和扩展，作为 SaaS 企业，去中心化对研发至关重要，这也是生态化的必然。这里并不是要全链路通吃，而是要具备兼容上下游服务链的能力，才能实现产品的规模化发展和企业的长期稳定扩张。

一直以来，笔者认为 SaaS 的 DTC 模式可以将产品作为平台运营，通过提供标准化产品和标准化接口赋能产业上下游，直接面对终端消费者（企业），通过统一的管理和运营模式解放客户自身营运压力，整合渠道资源和优势，实现销售与生态的同步建立，完成以 SaaS 平台为核心的产业链重塑。

三、SaaS企业的DTC应该如何做

从目前市场验证的角度来看，目前还没有成熟的将 DTC 模式应用于 SaaS 企业的案例，甚至也只有一部分不知名的小企业在实践这一模式。笔者认为实施的方式如下。

（一）去中心化：平台与企业相关用户直接沟通

在营销和运营端，SaaS 企业可以通过建立数字化内容中心与产品营销中心双线赋能。

从产业结构来看，有两种模式。

（1）订阅制的商业模式，可以直接交由大 C 端直接影响企业用户相关决策层。

（2）私有化的商业模式，将由企业直属的运营中心操作，实现个性化需求。

如果是 SaaS 企业发展早期，那么企业应该着力发展订阅制的客户，可以暂缓发展头部企业。SaaS 企业发展到中后期时往往需要靠 KA 用户帮忙验证产品扩展边界和增加服务项目探索，此时可以着力发展大中型企业客户。

从产品营销的角度看，企业或许要试着回归商业本身。SaaS 企业为什么很难盈利？难以盈利的点来源于收入和支出的不平衡。收支关系的平衡需要先解决去中心化的问题，也就是使产品可以直接面向客户，通过自助式服务和智能化销售的分析，通过数字化全景概括销售的链路，从而得到机会点和风险点提示，及时获取相关内容，实现销售链路在线数字化。

不过这里有一个问题需要解决，就是 SaaS 需要将产品功能尽可能拆分成模块，利用低价的方式方便一部分谨慎的企业用户自我组合。同时，SaaS 企业也可以售卖标准化产品，帮助数字化程度相对较低的企业直接购买使用。

在去中心化的过程中，所有销售服务和售后支持也可以被全程数字化管理，这就要求企业以微信小程序和数字化官网为核心构建自主服务体系，将产品使用流程尽可能详细地展示给用户，帮助用户使用。

实际上，从营收角度看，这一过程减少了非必要的销售和应用支出，降低了人力成本和沉没成本。

（二）去直销化：伙伴式合作，共建生态

当然，DTC 模式还有一个最重要的核心就是销售。DTC 去除了中间代理环节，从而实现了品牌与用户的直接沟通。但是 SaaS 产品与消费品的最大区别在于它对专业和行业的纵深能力要求很高。要想快速覆盖用户，渠道比直营解决问题更好的同时还可以快速提升转化率。一方面，依赖优质的渠道资源，企业可以快速深耕重点行业市场，尤其是下沉市场和区域市场，这些市场表现出极强的地域性和不确定性，只有利用优质的资源才能够快速获得市场校验，实现市场占有。

另一方面，这一模式本身就囊括了产业链上下游很多优质的合作伙伴，在合作过程中，多方共同按照 PaaS 平台的运营模式维护和运营 SaaS 工具。例如，作为一个 SaaS 工具，企业微信满足了企业 OA 办公的需求，结合腾讯本身内部的产品能力内置了很多功能，同时借助生态合作伙伴的方式又将下游和服务商以 API 的方式链接，衍生了包括费控、目标与关键成果法（objectives and key results，OKR）、销售管理等一系列的需求。前不久发布的飞书本质上也是 SaaS 的一种衍生品，后期飞书是不是也要按照 DTC 的模式进行渠道销售呢？可以拭目以待。

（三）去营销化：以客户为中心驱动产品迭代

有人认为 DTC 就是去中间商，实际上 DTC 最重要的价值在于通过用户的反馈反向驱动产品迭代升级，而这恰恰是 SaaS 软件规模化复制的难点。

当企业的初级单品被投入市场，获得正向反馈的同时，用户对产品的迭代和个性化、行业普遍性的要求都能反向驱动企业的产品迭代升级。这样的环境实现了客户与平台产品共创和产品迭代升级的实时互动，进而提升了客户满意度，增强了客户的续费意愿。

同时，客户的反馈也能帮助企业厘清产品边界，在产品服务升级的过程中，基于核心业务拓展服务场景和服务边界。例如，医疗类 SaaS 本身就具有

专业性和吸引力，因此 SaaS 企业可以通过活动实现数据库的原始积累，而正向的反馈机制也能帮助用户和平台互动。

或许可以这样解释，无论是 C 端消费品还是 B 端的企业软件，背后的关键点都是"人"，"人"的行为是可以分析的。通过及时提供满足感、认同感、尊重感可以提升服务效率和优化产品，使用户群体获得对品牌的深度好感和认同，实现消费正向沟通，延伸服务链条长度和服务周期，最终实现用户与品牌深度的、稳固的链接。

从具体的执行来看，或许 CSM 可以重新换一种服务模式，从协助企业使用产品、用好产品、习惯性使用产品转向对产品价值与产品习惯的培养、产品共创中，最终从产品的角度重塑整体 SaaS 企业的最后价值。拓展服务形态、开辟新的服务方式、上线新的产品都有可能带动 SaaS 企业实现规模化增长。

第六章　新增长模型：双螺旋式增长

·第 一 节·
定义及适用范围

随着企业微信的广泛应用，腾讯公司重新定义了客户关系和网络广告形态，而在 C 端消费品牌布局私域的过程中，一些新兴品牌实现了跨越式发展，成了热门的新消费品牌。

实际上，消费品企业运营私域的成本往往较高，整体的投入产出比不够优秀，但是对 B 端，尤其是对 SaaS 企业来说，强关系意味着高增长。培养信任关系是企业在客户全生命旅程中都应该做的事情。因此，运营私域获得增长对 SaaS 企业来说就成了增长的第二曲线，这也就是双螺旋式增长的背景。

一、什么是双螺旋式增长

一般来说，自传统软件业转型的 SaaS 企业，特别是服务中大型，无论是卖软件、卖硬件、卖方案、卖咨询，增长基本是"销售驱动"。多个决策主体，长决策流程，现场和私有部署，大量的培训和咨询进行客户洗脑和学习曲线的迁移，客户集中度高，赢单、关单和续单等都需要庞大的销售团队支持。

而观察近年来获得高速增长的新型 SaaS 服务企业可以发现，SaaS 服务增长更多体现为"增长＋事件＋客户成功三位一体"的驱动。增长驱动是基于增长黑客理论，通过数字化精准获客和激活来实现增长，这是企业服务的常规获客模式；事件驱动要做好外部突发大事件的准备，依赖非常规获客，因此其也算一种反脆弱增长模型；而客户成功驱动则是用精细化数字运营手段，进行客户生命周期的管理和整体价值的提升。

越来越多的 SaaS 企业依赖增长驱动成长，包括 Zoom、Slack、钉钉都是增长驱动的代表。它们的共同点包括：①产品为王，早期增长核心是销售未动、产品先行；②通过不断迭代产品，为核心用户优化体验，提高客户活跃度，并最终实现产品与市场的完美匹配；③运用增长黑客模型优化获客效率和付费转化，促使客户续费和增购，减少客户流失，全链条提高客户数量增长和收入增长效率，如图 6-1 所示。

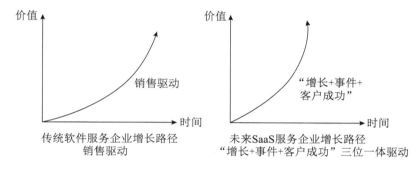

图 6-1 不同增长驱动方式

图 6-2 列举了若干海外企业云服务企业 ARR 从 100 万美元增长到 1 亿美元所花费的时间，可以看到有意识采用增长驱动的企业往往成长得更快，如 Slack 只用 3 年时间就做到了 1 亿美元的 ARR。

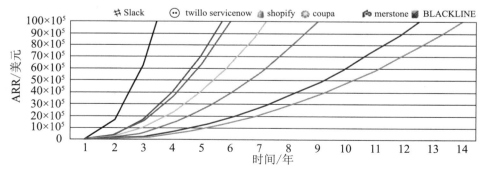

图 6-2 海外 SaaS 企业 ARR 收入与时间

（图表来源：Bessemer Venture Partners）

双螺旋增长的核心来源于 C 端增长。和 To C 业务的增长一样，有些产品天然占据流量生态位，容易积累流量势能，更容易成为爆款；企业服务往往从最初产品和商业模式的设计开始就决定了能否有好的增长势头。消费者化（简称"To C 化"）的 SaaS 核心在于产品是否围绕核心用户设计，企业需要先通过打造卓越用户体验的产品获取 C 端核心用户，再采取自下而上的销售策略渗透 C 端核心用户所在的 B 端客户决策者群体。

二、双螺旋式增长的主要特征

消费者化的 SaaS 业务能够规避传统销售驱动模式下的增长之重，更易获得增长势能。

常见的销售驱动增长有以下几个特点。

（1）销售驱动的产品不是围绕核心用户的痛点设计的，而是围绕决策者感受设计的。企业服务的决策者包括 IT 部门、采购部门、业务部门负责人和企业老板，这群人通常不是使用企业软件和云服务的核心用户，无法真正理解核心用户的真实痛点，导致决策程序复杂、决策周期长。

（2）很多销售驱动的产品往往存在过度设计乃至定制设计，目的是在决策者面前营造更高价值的幻觉。而真实的情况是这些过度设计的功能可能毫无用处，定制设计的产品往往无法标准化，很难产生规模效应和边际成本递减效应。

（3）销售驱动的产品通常不会简化设计，学习成本过高，也基本很少考虑远程非接触交付场景，因此部署复杂、成本高。

（4）以销售驱动的企业服务在发现和分发中往往会遭受阻碍和产生摩擦。

SaaS 产品消费者化逐渐成为主流，其主要原因有以下几点。

（1）"To C 化"的产品容易聚集口碑，也更易传播，从而扩大市场规模。

（2）产品往往由使用者驱动而不是购买决策者驱动，决策周期更短，更容易降低收入集中度。

（3）具标准化和规模效应，也更易引发潜在的边际成本递减和边际收益递增效应。

（4）可以降低部署成本，简化交付环节，多数支持远程和在线交付。消费者化的企业服务还支持利用社区推动资深用户传授使用经验，实现用户间互助互帮，减少企业自上而下的培训投入。

（5）可以在流量更大、更集中的应用市场分发，如 App Store 和 Google Play 等。在移动互联网时代和云服务时代，最好的一批企业服务产品（包括 Zoom、Slack 等）除了做大量浏览器插件外，还有移动端的 App。面向 To C 设计的移动端 App 可以在应用市场得到更好的分发。一旦做得比别人优秀，就可以获得更多的曝光。例如，Zoom 在很多地区都是 App Store 分类排行首榜。

因此，通过学习和采纳 C 端运营方式，SaaS 产品可以实现双螺旋式增长，通过统一的用户数据连接公域和私域，实现精细化的全域运营。而用户增长双螺旋方法论也强调企业公域及私域对用户增长的价值是相辅相成的，为企业解决用户增长问题提供的策略如下。

（1）从用户价值角度看，公域及私域的螺旋式增长意味着用户数量和客户生命周期价值的螺旋式增长。其中，公域营销的价值在于其公域用户的增长可以向私域不断注入新的用户流量，扩大客户量；私域营销的价值在于提升私域用户的忠诚度与满意度，提高私域用户的复购率、客单价等。

（2）统一的用户数据可以将公域与私域融合，通过精细化的运营实现全域用户的可持续增长。

用户增长双螺旋方法论的基础在于分析用户，从而形成用户价值增长的正向循环。以分析用户作为第一步意味着 SaaS 企业需要以消费者数据为中心进行用户营销。

首先，通过用户的行为、偏好、标签数据开展分析；其次，通过对用户的认知提升目标用户的触达率以获取用户；再次，通过对用户的精细化运营实现用户转化率提升；最后，通过对用户数据的实时迭代实现用户标签的更新及价值挖掘，以沉淀用户。

在这个过程中，企业可以采用以客户数据平台（customer data platform，CDP）为代表的用户数据处理工具。通过 CDP 的用户标签及人群细分，针对不同产品、新老客户进行相应的营销自动化处理，寻找品牌核心用户，帮助企业完成裂变式营销，引导全域转化。同样地，基于 CDP 企业还可以利用用户 ID 和数据标签的连通形成公私域联动。

需要注意的是客户生命周期价值（customer lifetime value，CLV）这一重要指标。CLV 表示客户在其生命周期内预计在企业的业务或产品上消费的总金额，这个数据可以帮助 SaaS 企业决定投资多少钱以获取新客户和保留现有客户。在客户数据平台的支持下，SaaS 企业有了 CLV 这一更为具体的指标。

实际上，增长从来都不是市场部门一个部门的事情，而是企业全体成员的目标，需要所有部门尤其是营销类部门的配合，需要企业从上至下地贯彻才能完成。传统的企业管理架构采用的是点对点的营销组织，销售部门分别与财务部门和市场部门对接，市场部门与财务部门之间并没有合作关系，而当下的营销组织方式倡导的是部门协作与协同的一致性。

基于战略革新，管理层需要从人力、预算及业务层面全盘考虑；部门负责层需要实现公域及私域营销人才的合作从而完成业务合作；业务执行层需要提供针对企业业务的流程分析结果。从战略角度自上而下地推动，从执行角度自下而上地实现。

除了数字化产品和工具外，实现用户增长需要整个企业组织协同运转方式的调优。也就是说，企业需要从组织层面提高对数据化运营的重视，专门成立数字化应用部门，完成跨业务部门的数据化协同运营管理。企业需要秉承数据化运营的理念，打破原有的部门壁垒，从整体业务梳理基于数据化运营的业务流程。

再有就是业务行为。用户增长双螺旋方法论的实践需要根据行业的客单价、消费频率、消费习惯等情况因地制宜。尤其针对 SaaS 这类高客单价、低频次、高专业性的用户，具有"决策慢，重视服务流程"和"频次低，品牌忠诚度高"的特征，需要企业关注用户触点及客户旅程，并根据自身品牌特性，在关键节日及售后服务中进行精细化会员运营，提升用户对品牌的忠诚度。

三、适用范围

（1）高客单价、高频次、高专业性产品行业的用户购买的产品复购率较高，因此在客户初次决策环节，企业需要重视公域针对新目标用户的投放模式及内容。此外，客单价高、复购高、粉丝裂变及口碑管理为私域运营重点，要根据私域用户特点进行不同营销内容的推送。

（2）高频次、个人兴趣产品方向的产品品牌替代性强，因此企业需要在公域投放环节占领用户心智。基于用户数据的公域投放往往更具有性价比，而私域活动则往往以促销、优惠、折扣等方式进行，采用社交营销可更好地推动复购。

（3）针对高客单价、个人兴趣向的产品，导购及广告的作用较强，公域广告投放可以提升用户对品牌的认知度。若产品本身具有社交属性，那么私域用户的分享裂变可提升品牌在同类型人群中的口碑及影响力。

（4）SaaS 市场具有客单价高、决策周期长、专业性强、复购率高的特点，因此以上的三种范围并不适用。企业需要将双螺旋式增长发挥到极致才能够促进整体的增长。

那么如何借助双螺旋式增长模型建立合理的企业增长计划呢？接下来将重点研究这个问题。

· 第 二 节 ·

制订增长计划（上）

　　付费增长的前提是验证产品的价值假设，也就是达到 PMF。产品模式和商业模式的设计可以帮助产品更容易地吸附流量势能，但决定大规模付费增长获客的前提是产品要达到 PMF，即产品与市场的匹配满足核心用户的需求。

　　如何衡量 PMF ？除了基于留存衡量，还有一个常用关键的指标——净推荐值（net promoter score，NPS），即某个客户将会向其他人推荐某个企业或服务可能性的指数。Zoom 和 Slack 等公司都非常关注 NPS，根据 Gartner Peer Insight 数据，Zoom 的 NPS 为 72%，远高于同行业平均值，这是 Zoom 自然增长率优于其他对手最重要的原因。

一、明确北极星指标

　　上述衡量企业运营的核心关键指标就是人们常说的"北极星指标"。北极星指标是指产品唯一重要的指标，有两个核心特征：①这一指标可以体现产品核心功能的使用频率与黏度；②这一指标是收入的先行指标。如果可以把北极星指标优化好，那么自然而然可以带动收入的增长。例如，Salesforce 的北极星指标是"每个账号记录的客户数据量"，Adobe 的北极星指标是"云用户的订阅量"。

　　假如想提升产品的用户活跃度，那么将能衡量目标的北极星指标设置为日活跃用户（daily active user，DAU）或月活跃用户（monthly active user，MAU）是比较合适的。

　　北极星指标是增长的核心目标，因此会成为企业做所有事情的方向。如果设立了错误的北极星指标，那么可能导致做的事情都是在错误的方向上，最后不仅增长没有效果，还有可能导致产品在竞争中处于劣势。

这里分析一下 Slack 北极星指标的迭代过程，如图 6-3 所示。最早的北极星指标是"新建账户"，然后因为企业开始主推付费产品，所以北极星指标变更为"新建企业账户"。6 个月之后可以发现虽然这些用户的质量提高了，但其活跃度并没有太大的变化，有的时候甚至还更低，于是企业又把北极星指标改成了"新建企业活跃账户"。企业家将获客和留存团队目标统一，把"活跃企业团队"作为全新的北极星指标。

图 6-3　北极星指标的迭代

二、如何制定正确的北极星指标

只有设立正确的北极星指标才能让产品朝真正的目标增长。

（一）避免"虚荣指标"

虚荣指标往往看起来有着漂亮的增长曲线，会让企业以为欣欣向荣增长，实则并没有反映出真正的增长目标。

以做病毒传播的企业为例，如果要提升用户分享度，如以分享用户数为目标，那么其提升就不能代表用户分享获得了增长，这就是典型的虚荣指标。因为当整个产品的活跃用户数在增长时，分享用户数也会同时自然上升，但是这并不意味着用户分享的意愿更强。真正能表示用户增长的北极星指标应该是用户分享率（分享用户数 / 活跃用户数）。虚荣指标是设立北极星指标时企业很容易陷入的一个误区，这点可能要特别留意。

（二）北极星指标会适时而变

北极星指标应该聚焦企业发展的方向，所以在产品的不同生命周期，企业发展方向会不一样，其相应的北极星指标也会不同。

在产品销售的早期阶段，企业主要着力于打磨产品和提升用户体验，这个时候适合以用户留存作为北极星指标。

当产品已经被市场验证，那么企业需要考虑的就是如何让更多用户使用产品，这个时候可以做相应调整，以拉新转化作为北极星指标。

如果产品在市场上的占有率趋近平缓、已经没有太大的提升空间，那么这时企业会更多聚焦于变现，这一时期适合采用营收变现作为北极星指标。

（三）SaaS 企业如何找到自己的北极星指标

1. 验证 PMF

在开始找北极星指标之前，企业首先要验证产品是否达到了 PMF 状态。前文已经说过有几种产品是例外，如企业微信是需要一定用户量才能跑起来的产品，又如平台类产品则往往需要一定供给量和需求量才能跑起来。

2. 怎样判断自己产品达到 PMF 状态

（1）直观表现：不用付费或只需要花少量的钱时，用户就自然增长；用户会主动进行口碑宣传；核心用户留存率和使用率提高；客服忙不过来或服务器不够用。

（2）数据表现：根据对用户的访谈来判断，是否有超过 40% 的用户表示不继续使用产品就会感觉不踏实；新用户是否在一定时间段内还在使用产品。

（3）判断产品增长重点：在判断自己产品达到 PMF 后，企业还需要判断产品增长重点。增长重点会影响北极星指标的制定。

制定北极星指标有以下三个步骤。

首先，找到商业目标和用户价值之间的交集，也就是在企业长期生存盈利与用户长期价值之间找到共同点。例如，小鹅通给用户带来的核心价值分为两块，对普通用户的核心价值是获得有价值的知识，对小鹅通企业用户的核心价值则是能够将自己的知识进行持续变现，并获取大量粉丝关注。

然后，列出几个备选指标，再根据以下标准进行筛选（表 6-1）。

表 6-1　选择北极星指标的标准

（1）能否反映产品的核心价值
（2）产品能否为长期的商业价值奠定基础
（3）能否反映用户活跃度
（4）指标变好是不是意味着企业的经营状况变好
（5）是否简单、直观、可拆解
（6）是否有先导指标，而非滞后指标

最后，根据 4 个原则最终确定北极星指标。

（1）寻找北极星指标不能贪快，需要对用户和产品深入理解。

（2）北极星指标不是唯一的，许多指标彼此有相关性，那么在一定阶段都可以成为北极星指标。

（3）一旦确定北极星指标，则其变动周期一般较长，往往以"年"为单位，但也会随着不同阶段战略重点不同而变化。

（4）可以借助重要反向指标制衡北极星指标。例如，电商的北极星指标是商品交易总额（gross merchandise volume，GMV），则反向指标就可以是退货率。

（四）优化企业增长杠杆，找到"啊哈时刻"

在 To C 业务的增长中，企业经常要拆解增长杠杆、分别进行优化。对 SaaS 业务来说，有三个重要的杠杆。

（1）拉新，即新客户的获取与留存。

（2）有效激活，即完成客户的续费等动作。

（3）挽回流失客户，侧重优化客户体验。

在 SaaS 业务的快速成长期，拉新优于有效激活和防止流失；在高速发展和成熟期，有效激活留存和防止流失对企业意义更大。

在 To C 业务的增长中还有一个常见的方法是基于数据驱动找到"啊哈时刻"。

所谓"啊哈时刻"指通过使用产品让用户眼前一亮或心中一惊的那一刻，用户将在这一时刻发现产品核心价值——为何存在、为何需要、得到什么。

例如，Zoom 的免费账号使用时长为什么定在 40 分钟？因为 Zoom 通过用户分群分析发现用户连续使用 45 分钟的 Zoom 会议时就是这个产品"啊哈时刻"，有过 45 分钟的会议体验客户就会"路转粉"，有极强的付费转化意愿。

类似地，Slack 设置前 2 000 条信息免费，因为他们发现一个活跃企业账户发送信息超过 5 000 条时付费意愿就开始大大提高，到了 10 000 条之后大概率就会成为一个付费用户，所以企业小组发送 10 000 条信息时就是 Slack 付费账号的"啊哈时刻"。通过找到量化的"啊哈时刻"，企业团队就可以引导客户尽快达到"啊哈时刻"，从而完成客户服务从免费到付费的转化。

SaaS 企业也可以基于增长黑客中所说的海盗模型，分别在客户拉新、激活、留存、推荐和变现各环节优化。

在当下的竞争环境，SaaS 企业还可以尝试的一种可能性是品牌营销，即面向关键客户群体进行认知管理。例如，通过开发者社区或开发者大会等进行品牌输出，此时 Gartner 魔力象限及 Forrester Wave 波浪象限的背书非常重要。此外，企业还要抓住事件营销的机会，借助大平台或第三方的评奖为自身背书，纪录片、教程视频、白皮书、科普帖等丰富样态的传播媒介对某些 SaaS 公司来说非常关键，可以有效提升客户认知。

还有一点建议，企业可以利用社交媒体让 SaaS 产品出圈。例如，春节期间，钉钉发布的"钉钉本钉，在线求饶"的鬼畜视频在 B 站传播很广，类似更贴近用户的方法可以有效塑造认知、推动用户数量增长。

制订增长计划（下）

一、增长漏斗

双螺旋增长模型如图 6-4 所示，由两个部分组成，前面是一个逐渐缩小的漏斗，后面是一个逐渐扩大的漏斗，底部是销售关注的核心销售节点，顶部是用户使用产品的完整生命周期。

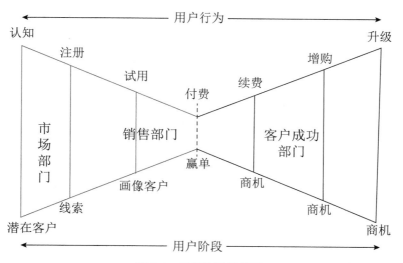

图 6-4　双螺旋增长模型

对 SaaS 产品而言，销售初期通常会有一些市场部门的同事进行市场活动、广告投放以吸引潜在客户，让他们建立对产品的初步认知，而这些潜在客户可能会到企业的网站注册、申请试用，这时候一个潜在的客户就会变成一个销售线索。

线索渠道大致分为四个方面：①自有的渠道，如 400 电话咨询、产品官网、产品 App 等；②外部的渠道，如搜索引擎营销（search engine marketing，SEM）、内容营销、线上直播活动、线下市场活动等；③资源的开拓，如销售自拓一些资源渠道，公司高层的人脉资源，或已成单客户的一些自发介绍等；④第三方平台，如钉钉、企业微信，对于国内的 SaaS 企业来说，钉钉和企业微信已经成为一个不可忽视的重要获客渠道。

紧接着，销售部门会进行销售线索的跟进，采用如电话、上门拜访的形式完成首次客户触达，从而判断这个销售线索的质量。同时，销售部门也会预估和筛选付费成功率较高的线索，把它们转化成画像客户。人们通常会给画像用户提供产品的试用机会，画像客户在试用阶段会逐渐了解产品价值，当他们认可产品后就可能付费购买。这时候就进入了中间的核心节点——赢单。

图 6-4 右侧的客户成功部门是 SaaS 企业的核心部门之一，它们很重要的职责就是与产品团队配合，提高用户的生命周期总价值（life time value，LTV）。由于 SaaS 产品的商业模式是按年或月订阅，如果用户只是购买产品而后期不续费，那么对企业来说很可能是一笔亏本的生意。因此，只有用户持续地订阅服务，后续不断续费或增购，企业才有可能真正实现盈利。

蝴蝶型的用户漏斗主要集中在以下几个方面。

（一）从潜在客户到销售线索

这部分由市场部门主导，市场部门视角关注的核心主要有两个方面，一个是从曝光到线索的转化率，另一个是单条线索的平均获取成本。而产品部门的核心工作是协助市场部门提供解决方案，由于市场部门同事可能会谈下来不同的渠道，故需要有不同的解决方案。例如，有些渠道适合 SaaS，有些渠道适合 SDK。因此，产品部门需要针对这些渠道设计解决方案。

实际上，不同渠道转化来的客户诉求很可能是不同的，甚至同一渠道的用户都有不同诉求。例如，都是从搜索引擎引导而来的用户，来自不同的关键词，用户对产品的期望和诉求并不一样。因此 SaaS 企业需要对来自不同渠道的用户设计落地页，以匹配产品价值和客户诉求。

（二）从线索到画像客户

销售部门首先要做线索的分级。企业需要有一套比较完整的评分体系对线索进行分级，常用的有 BANT 模型（预算、授权、需求和时间表），考量的是客户有没有足够的预算？企业有没有接触到客户方的关键决策者？客户对企业的产品有没有需求？如果客户有需求，和企业产品的契合度有多高？最后是客户有没有明确的使用，以及上线的时间节点。

根据这几个方面，企业可以分别设定分值，对线索进行评分，获得线索评分后就可以进行渠道的分级，判断哪些渠道转化来的线索得分是比较高的、哪些渠道的转化率是比较低的。实际上，各种渠道转化而来的线索非常多，但企业销售部门资源有限，通常无法通过人工的方式覆盖所有的线索（这里的覆盖指通过电话或者上门拜访完成首次客户触达）。因此需要划分高质量和低质量的渠道，然后通过人工的方式优先覆盖高质量渠道。而对较低质量的渠道，企业可以通过一些智能 AI 手段覆盖，如电话机器人。

而从产品的视角看，此阶段对应的是注册、申请试用到试用这一阶段。这其中很重要的一点就是当用户访问产品官网时如何通过官网接受价值传递。例如，针对一个通用类产品，企业有没有提供各个行业的解决方案、官网上有没有知名企业为产品做品牌背书。这些因素都会影响客户对产品的第一印象，如图 6-5 所示。

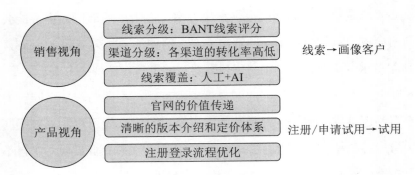

图 6-5　线索到画像客户的不同视角

第一点是清晰的版本介绍和定价体系。通常一个 SaaS 产品会有个人版与企业版，而个人版和企业版又分免费版和付费版。针对存在的诸多版本，如何做到让用户快速选择适合自己的版本？ 这就需要企业对各个版本特定功能有清晰介绍，这样用户才能明确知道如何进行版本的选择。

第二点是注册登录流程的优化，这对 To C 和 SaaS 产品都相当重要。对具备普适性的 SaaS 产品来说，在注册时，企业如何避免个人版用户误注册企业版进而变为低质量的销售线索，这是 SaaS 产品在注册登录流程优化中极其需要关注的点，需要企业持续地优化与改进。

（三）从画像客户到赢单的阶段

销售部门关心的是各类画像客户的客单价及成单周期，由于这时用户已经购买了产品，企业可以逐级算出从线索到付费用户的转化率，同样也可以得到单个用户的获客成本，从而计算从市场投放获客到用户付费的投资回报率（return on investment，ROI），如图 6-6 所示。

而对产品来说，此阶段对应的是从试用到付费的阶段。

第一要做好的是引导用户。例如，为产品提供丰富的新手引导，或用一个短小精悍的视频介绍产品的核心功能和亮点。另外，可以提供一些容易上手的通用模板，像石墨文档就提供了一些针对各种行业和场景的解决方案模板。通过使用模板，用户可以快速上手一个文档或表格。

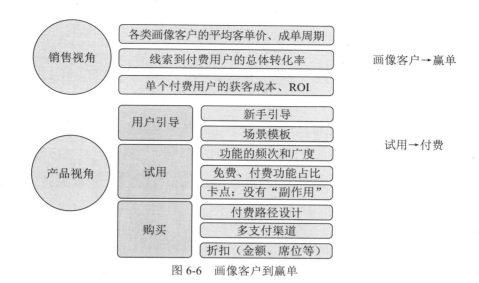

图 6-6　画像客户到赢单

第二是试用。在用户试用付费版本产品时，有几个方面企业要重点关注。首先是产品功能使用的频度和广度。例如，一个产品有 30 个功能，而用户只使用到其中的 10 个，那么显然用户还没有对企业的产品有全面的了解。

其次，企业也应该关注用户使用过的功能中免费、付费的功能占比如何。例如，销售发现了某个画像的客户有潜质由线索转化为付费用户，但通过数据观察发现，客户使用的功能几乎都是免费的，基本没有使用付费功能，这时候客户的实际行为与企业的期望是相左的。企业要分析，是用户本身没有付费功能的需求点，还是付费功能的引导做得不够好，是不是付费功能的路径藏得太深，用户根本没有发现这些功能？

第三是卡点。卡点的核心是试用功能必须没有副作用。举一个石墨表格的例子，它有一个功能叫锁定单元格，用户可以设定一个单元格对某些人不可见，或对某些人可见但不能编辑。这样的功能其实有副作用，如果用户试用后没有付费或已付费到期后没有续费，他就会从付费版试用用户（或付费用户）降级为免费版用户，这时候他将无法解锁被锁定的单元格。

类似这样涉及一些权限的不可逆操作其实并不适合作为付费版本的试用功能提供给用户，企业在做产品设计时要十分留意这种情况。

第四是购买。当用户决定购买后，从付费功能到付费支付落地页，企业需要有一个良好的路径设计。同时，企业的产品可能有许多渠道，如在线支付、对公转账，或在钉钉和企业微信等第三方平台内完成支付。因此企业需要判断支付渠道是否完善，要涵盖所有渠道的用户。

此外，SaaS 产品在用户续费时通常会给予一定折扣。折扣包含两方面：一方面是金额，在原价格上打折；另一方面是功能，金额不变，但赠送用户更多的功能。无论哪种方式，这样的订单都不是传统意义上的标准订单。因此在做产品支付的时候，要将支付功能设计得既能够适应标准订单，又要兼容这种非标准的订单。

（四）从赢单到商机

这一阶段主要由客户成功部门负责，如图 6-7 所示，首先关注的也是 SaaS 产品的一些核心指标，如续约率、续费率、流失率、MRR/ARR（年度 / 每月经常性收入），这些指标网上都有详细的说明，笔者在这里就不展开了。

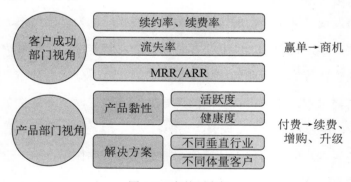

图 6-7　赢单到商机

其次是解决方案，决定了在已有付费用户的基础上企业能否提炼出通用的解决方案。例如，设计一款针对不同垂直行业的通用型产品，企业需要了解不同行业客户的使用反馈和提出的共性需求，在产品迭代时将之融合进去。

SaaS 产品的客户类型通常有 SMB、KA。大体量的客户一般会有很多部门或子部门，因此他们对产品权限的细粒度控制要求可能更高。企业要设计一套优雅的权限体系，以满足大客户细粒度的权限控制，同时兼顾中小型客户。

二、增长实验和数据

好的产品是企业发展的根本。对产品是否满足基本需求，企业要进行评估，包括不可或缺性调查和用户的留存率调查。其中不可或缺性调查要调查活跃用户而非休眠用户。为了成为不可或缺的产品，企业要开展更多的用户调查，针对产品的改动和信息传送进行高效的实验，并深入分析这些用户数据。有时阻碍企业发展的不是产品或服务本身有没有价值，而是向既有和潜在用户传达价值的方式不对，需要深挖数据、跟踪活跃用户的行为（测试方式有 A/B 测试、多变量测试、多臂赌博机模型等）。

明确发展策略，基本的增长公式如下。

来自订阅用户的收入（网站流量邮件转化率、活跃用户率、付费订阅转化率）＝留存订阅用户、复活订阅用户的收入＝（网站流量×邮件转化率×活跃用户率×付费订阅转化率）＋留存订阅用户＋复活订阅用户

根据以上的增长公式可以确定核心指标。首先，要明确用户对产品核心价值体验最直接的行为，确定一个能最终决定成败的指标（北极星指标），以此指导所有的发展活动。其次，指标是因时而变的，一个目标实现后，指标也会随之改变。在进行增长试验时企业要收集数据，以便对精细的用户信息进行分析，指引后续的发展工作。最后，提交简洁明了的报告汇总数据分析，其中要以比例而非静态的数据呈现与既定目标的比较结果。其中要注意相关性并不意味着因果关系。

发展流程：一是提出最值得测试的一组想法，以最高效的方式开展实验，召开流程严密的发展会议；二是持续从试验结果中吸取教训并巩固成果，加快发展引擎的运转速度。

（一）获客：优化成本、扩大规模

确定两种匹配：语言—市场匹配和渠道—产品匹配。然后进行以下步骤：打磨营销信息；找到一两种核心渠道，并实现最优发展；找到巧妙的破解发展的手段。渠道排序的六个要素是：成本、定向、控制、时间投入、产出时间和规模。发展的过程中要创造与产品核心价值契合的激励方式，让分享邀请成为用户体验的有机组成部分，同时确保受邀者获得满意的体验，据此进行不断的试验。

（二）激活：让潜在用户真正使用产品

绘制用户通往产品核心体验的路线图，创建该步骤的转化和漏斗流失报告，并对流失率高的环节进行用户调查。在用户调查时需要注意：调查的内容需要反映用户的困惑；问卷调查最好出现在用户刚刚完成而很多人没有完成操作时。转化的公式为：

$$转化欲望摩擦转化 = 欲望 - 摩擦$$

其中，最大的摩擦点往往是新用户体验。因此，优化新用户体验的原则是将其视为用户与产品独一无二的邂逅，第一个着陆页必须完成三个根本任务：传达相关性、展示产品价值和提供明确的行为召唤。一些好的方式有：单点登录（通过已有账号登录）、翻转漏斗（邀请注册前先让用户体验产品的乐趣）。但不是所有的摩擦都会带来负面的影响。例如，创建学习流使用户通过有意义的方式了解产品。两种积极的摩擦是：问卷调查、新用户体验游戏化。

触发物是提升产品使用率最强大的策略之一。使用触发物的两个关键因素是：能在多大程度激发用户采取行动；用户收到触发后付诸行动的能力。触发物的三种类型是：协助型、信号型和刺激型。六个原则是：互惠、承诺一致性、社会认同、权威、好感和稀缺。

（三）留存：唤醒并留住用户

留存曲线是否平稳是衡量一个产品市场匹配的最好标准。留存的三个阶段分为：初期、中期和长期。初期留存率可以作为衡量产品黏性的一个指标，初期阶段用户从产品中获得的价值越大，长期使用产品的可能性也就越大；中期阶段的核心任务是让用户使用产品成为一种习惯，让用户逐渐从产品和服务中获得满足感；长期阶段的留存要确保产品继续为用户带来更大的价值，让用户不断认识到产品的不可或缺性。要注意的是不同企业、不同行业衡量留存的方法和指标是不同的。

确定留存的衡量指标后，需要细致地筛查留存数据。一般需要采用群组分析法进行数据分析，不同的商业模式有不同的群组划分方法。破解初期留存的方法是不断优化新用户体验和让用户体验到产品的核心价值，提升回报在用户眼中的价值可以带来更大的留存。破解长期留存的方法是优化现有产品功能、推送及对重复使用用户的奖励，需要在一个周期内为用户定期推出新功能，但把握好平衡非常重要。另一个关键要素是弄清如何让用户沿着学习曲线前行，这一阶段也可以考虑复活僵尸用户，需要调查用户消失的原因，并分析该原因是否可控或可解决。

（四）变现：提高每位用户带来的收益

分析已有数据，绘制基本的变现路线图，分析哪些环节的收益最高，并找出转化率低、摩擦阻力大的点。根据某些特征对用户分类，调查特定类别的用户需求，开发对应的新功能。根据数据和算法为用户定制产品和功能，但在这一过程中要注意保护用户的隐私。最后是优化定价。

（五）良性循环：维持并加速增长

避免增长停滞，保持数据的潜力，发掘新渠道，引入全新视角，打破思维禁锢。

第七章　全渠道数字营销与落地

全渠道数字营销

一、数字营销的内容

数字营销，顾名思义就是在企业战略规划下针对互联网流量的精细化运营，包含了企业预算范围内各媒体渠道的付费广告投入及免费的流量经营，包括但不限于搜索引擎优化（search engine optimization，SEO）、百科问答、自媒体运营、私域流量等全媒体渗透，最终实现企业的营销目标，实现较优的营销投入产出比模型，并根据反馈效果调整后续的营销思路。

数字营销主要包括五个要点。

（1）传统意义上的效果广告，如搜索引擎、电子邮件、信息流媒体、视频广告、博客论坛等。

（2）新型的数字广告，如微信大号、朋友圈广告、社交裂变等。

（3）数字营销的基础建设，如营销全流程数据的可视化，从流量引入用户访问轨迹再到销售线索获取和后续的销售跟进与结果，以及二次销售和二次广告触达等都需要完整清晰（如 DMR 系统），便于后续的精准投放和二次广告触达。

（4）拉营销，即以内容为驱动的数字互动方式。例如，类似百度竞价系统创办的百度营销大学，为用户提供最新的营销技能培训并提供认证。像在微信上频繁更新的广点通低成本获客技巧、最新的产品，以及行业的成功案例。

（5）数字营销包含三个关注点：触达，让用户知晓企业的产品和服务；转化，获取有效销售线索，其中包括用户池的培养和二次销售；忠诚度，需要激发用户的热情，培养和鼓励内容互动和价值输出。

触达，主要在于主动出击，扩大营销机会，由点到线再到面，由效果广告到自媒体再到行业垂直渗透，在考虑有效触达目标用户的基础上重点评估线和面的扩展情况，包括用户的关注（如各类指数，粉丝数量和活跃度），当然，还包括企业的曝光展示和销售的有限数量。

转化，主要在于找到客户的购买决策因子和购买决策时间，后者指即时发现销售机会，在客户需要的时候立刻营销；前者的关键在于从流量引入客户访问，从内容输出到客户关注，再到获取销售线索后的销售跟进和二次触达，发现营销的不足和优势，改进不足，强化优势，找到影响结果的因子。对因子既要抓大放小，也要关注某些细节。

忠诚度，重点在于数字营销的策略是否能与企业品牌和产品价值的战略保持一致，不能为了单纯地获取销售线索和提升 ROI 去做太多伤害品牌价值的事情。在具体落实上，企业要始终关注内容的有效性、创意的共鸣、社群的培养和粉丝互动。

二、数字营销优势

SaaS 的战术往往无法对竞争对手形成压倒性优势，反而持久的战略定力会形成线上的全面转型，进而形成可持续的品牌渗透能力和用户池，提升产品数字化后的营销效率，提升多产品协同后带来的效率和降低成本，最终形成营销上的竞争优势。

首先，SaaS 数字化营销不能只做硬广、不能只考核 ROI，要做产品数字化、要做内容、要注重基础建设。企业要有自己的数据可视化营销平台，要能实现客户关系管理，具有数据管理平台（data management platform，DMP）和营销数据分析能力。这样才可以为相关部门提供有效支撑，为团队提供营销机会，同时提高企业触达的精准度。

其次，要实现产品的数字化，企业要为产品开发 App 或小程序，再提供给用户自行下载、体验、购买和支付。同时企业要辅以运营支持，要基于用户的反馈改进产品，把这些用户连接起来，让他们加入企业的用户池，因为他们是有价值的，是未来的购买者。

再次，营销要全流程覆盖，从用户看见企业、知道企业、了解企业、决策购买、分享反馈，各个流程都要覆盖到，不只是广告要做、SEO 要做、论坛社区要做、应用商店要做、网络红人、微信大 V、企业都要做，要效仿 To C 模式，从点提升到线和面。所以企业不能纯粹只考核 ROI，还需要考虑过程和考核的合理性。

最后，企业要充分重视内容，要做营销学院，利用新的互动方式（如直播、找"大 V"站台，将软广包装成案例，做粉丝引导，让他们分享产品），充分重视社会化营销平台的建设，把粉丝转到用户池。

三、To C和To B数字营销的区别

本书讲的主要是 SaaS 数字营销，那么 SaaS 数字营销与传统的 C 端营销有什么区别呢？主要在以下几个方面。

（1）To C 重流量，所有用户都是目标用户。不管是关注公众号、下载 App、注册网页都是有效营销的结果，企业后续可以通过频繁的触达和连接实现销售。所以 To C 模式的企业做营销时最重要的是触达，不管是硬推硬广还是内容为导向的互动与口碑营销，关键在于触达，因为触达的广度更为重要。

（2）To B 重有效线索，营销要围绕购买决策者，要求非常精准，即使是用户池也是有明确画像和场景的。数字营销关键在于找到有需求的目标用户，而且最好是具备强连接，信息越全越好。信息的精准比广度要重要，品牌渗透和忠诚度培养也很重要，战略的一体化、产品协同、品牌一致等比战术更

重要。而 To C 模式的话，战术的有效往往更能推动战略。

（3）To B 业务模式很难重现，关键在于 To B 业务模式很难在"术"的层面直接被引爆，To B 的线上营销即使 ROI 很高，也会消耗很多线下成本，既难以实现全自动销售，也无法脱离线下的品牌和销售支撑。

如果 To B 业务模式本身线上渗透率还不够，用户的购买决策习惯也没有完全养成，还需要时间周期去渗透，大量的用户还是在线下获取产品和服务信息，那么尽管线上的增长和全面覆盖是早晚的事情，最终也还是需要时间，而且这个周期会比较长。这就决定了 To B 业务模式的线上营销是个长期的过程，如果把营销当成一种竞争，当企业在技术层面很难有决定性的优势，那么就需要在战略上跟对方比高度、比持久、比和战术的配合、营销和品牌的一致性、硬推和内容互动的平衡性。

相反地，To C 业务模式往往只看用户增长，看速度。这是由 To C 业务增长的特性决定的，"跑马圈地"才是 To C 业务增长的第一要义。

To C 业务模式是双高一低，即转化率高、线上用户基数高、首次购买额低。这当然不是全部，只是普遍现象；而 To B 业务模式是双低一高，转化率低、线上用户基数低、首次购买额高。

To C 业务模式重增长，To B 业务模式重 ROI；核心原因是 To C 业务模式可以产生非常明显的规模效益，会因为规模的增长而出现垄断，这非常关键。To C 业务模式的品牌和垄断效应非常明显，一旦成为行业第一名，企业就会对第二名形成压倒性优势，所以 To C 业务模式重增长，主要看用户的增长规模，而不纯粹看销售额和利润。

To C 业务模式的获客成本往往随规模增长而边际降低，这个效应也非常明显，也就是今天的补贴成本和广告成本会随规模增长而逐步平摊，但转化率却会不断提升，自然流量增长的用户会平摊一部分广告成本，企业补贴力度也会逐步降低，这是 To B 业务模式做不到的。

To C 业务模式的运营具有有效性，企业可以通过用户口碑和分享得到免费的新用户，还可以通过运营手段提升用户商业价值，提高最终的用户贡献价值，从而抵消成本。这个 To B 业务模式也做不到。

相对来说，两者其实在策略层面也具有明显的不同。

To B 业务模式的用户基数本身较低，规模化增长很难；增长后，并不会出现像 To C 业务模式那样比较明显的用户分享口碑，自然流量增长等带来的成本降低不能说完全没有，只是不会太明显；而 To B 业务模式的收入本身也是一次性的，续费率也是相对稳定的，不会像 To C 业务模式那样运营做好了用户的消费额自然得到很大的改善。

To C 业务模式的垄断性在 To B 业务模式下不会出现，To B 业务模式第一的市场份额往往也很少，所以回到做生意的本身，业务就是要赚钱，那么 ROI 要充分得到重视。

To C 业务模式转化率高，To B 业务模式则转化率较低。To C 业务模式购买决策周期短，To B 业务模式购买决策周期比较长。To C 业务模式可以在线上完成自动化销售，对线下没有依赖，对品牌的依赖也一般，更依赖运营和产品体验；To B 业务模式需要线下销售和线上电销支撑，对渠道和品牌渗透率有较强的依赖，运营和产品体验在短期内无法直接提升效益，但长期有益。

（4）To C 极度重视运营。因为用户的基数大、频次高，基于运营的手段，企业能大幅度提高 To C 业务的用户转化率，提高用户活跃和商业变现能力，提高老用户口碑和用户分享带来的自然增长，这是 To C 业务模式的关键；To B 业务模式运营的作用没那么明显，反而更看重对精准用户和核心市场的渗透，即企业对最重要最精准的那部分用户的影响，前端的触达、内容渗透比后面的销售跟进、运营活动等更为重要。

或者可以理解为，To C 业务在前端是粗犷的，重在提高声誉和触达的广度，在后端的运营是精细化的，强调连接用户的次数、留存和活跃度、商业化变现；而 To B 业务的线上大部分都在前端，不管是营销数据的可视化、DMP 数据平台打通后做二次精准触达、用户池培养后的二次跟进，还有企业的营销、内容输出、行业活动都是为了寻找精准用户，要在前端触达到精准用户，然后通过电销和线下销售渠道促使用户决策，最后在线上完成付费，具体可以参考平安车险的营销流程。

四、To C 和 To B 数字营销的相同点

因为 To C 业务和 To B 业务都是数字营销，所以在优势层面，两个市场区别并不大。

（一）使数字营销成本可控

不管是 To B 业务还是 To C 业务，成本都要做到可控。21 世纪 20 年代以来，很多企业都不再像过去那样盲目投资品牌广告，因为很难知道钱花在哪里。而数字营销的产出是看得见的，所以企业随时可以根据产出数据调整策略。围绕数据的可视化，从预算调控、流量选取、营销卖点、内容输出、产品价值到营销流程都可以清楚地获得数据，也能从中找到优劣点，发现营销机会的优势和劣势，从而针对性地补充和加强。

营销数字化有两方面内容。一是尽可能全流程自动化，例如，要触达一个已经注册的用户，是否可以自动根据时间周期、关键词做二次触达，尽可能让用户在线上完成全部的注册、体验、购买和支付动作。二是产品的数字化，例如，能不能像 To C 业务一样开发 App，让用户自己下载，在线完成申请试用、体验，再决策购买、支付。

（二）在线化是数字营销的关键

线上营销的优势很多，如在线连接数据可视化、大数据精准化、数字化广告平台的可控性。其中最重要的两点是在线连接和数据可视化，就是"你访问了我，我还能找到你"，而在传统行业则是"我经过了你的门店你都不知道我是谁"。

基于线上的连接有效性，To B 业务要像 To C 业务一样不用急着成交，要

做连接，只不过 To C 业务是"只要是人我就连接，因为你们都需要我，只是需要时间，需要我用补贴去刺激你"，To B 业务不是这样，如果"他不是你的目标用户，你花费多少时间、给什么利益都是无效的"。但是企业依然要做连接，依然要重视线上化，因为长期趋势是整个市场都会向线上发展，只不过在做的过程中会稍微有区别。

依托数字营销和多维度的营销机会可以实现在线连接，通过几次甚至几十次的触达后，用户会主动咨询购买，或通过电话销售形式尽快进入购买期。

产品是可以在线定制的，包括增值服务等都是可以实现在线支撑的，在线营销同时也应提供线下的产品和服务，如赠送的礼包可以去线下门店扫码兑换等。

（三）多产品的协同效益和产品价值的延展

面向用户的多产品开发能形成协同效益，一个产品的用户可以变成多个产品的用户，实现流量价值最大化，还能形成产品价值的延展。例如，围绕目标用户提供边缘功能，尤其是将一些频次较高的需求做成工具可以提高用户黏度，这样就有了更多的触达用户和开展营销的机会。这是战略层面的营销策略，不管是 To C 业务还是 To B 业务都是可以做的。

· 第 二 节 ·

数字营销如何落地

To B 线上营销是个长期过程，数字营销增长的有效方法可以让销售线索的成绩得到认可。内容输出和硬广的协同有效性、产品数字化耗费的人力物力、多产品协同和产品功能延展需要的投入、内部推动和流程效率的提升，这些都需要配套的基础建设、方法论、技术攻关、人力财力预算立项等，而且都需要时间，需要顶层的支持。

一、市场获客→激活→留存

关系是触达的后续步骤，将营销投资转化为客户资产，最关键的一步在于"建立持续关系"。

营销战略的本质（需求管理＋建立差异化价值＋关系管理）是始终如一的。其中最关键的一条就是"能否保持长久的客户关系"，这是从战略上衡量营销是否能持续的核心。

这种关系层次的建立，如果指"与客户之间的情感"，那么将更多表现为客户对品牌的偏好；如果指向终端的方便可达，则表现为渠道通路建设的能力；如果指向绩效的考核，则可以表达为"客户忠诚度""NPS"等。这些表现都可以用"关系"或"持续关系的基础"界定与表达。企业经营的核心在于获取顾客和保留顾客，前者是企业存在的基础，后者决定企业能存在多久、能否持续存在。

评估数字营销战略，其中一个要素就是"连接"，移动互联网时代使企业与客户的"连接"得以在一瞬间建立。很多企业虽然做了大量的数字化投放，各种内容和媒介企业都覆盖到了，但所得到的成果未必能达到预期。其原因除了顶层的营销战略未必准确之外，还在于数字信息到达后并没有和客户建立持续的关系。

也就是说，目标客户被信息覆盖，但是这种信息的覆盖并没有构建强关系。

所以什么是建立数字化持续关系呢？数字化持续关系指数字信息到达后，企业通过各种经营手段围绕目标客户创造、建立和保持的持续性互动状态，它将使营销从信息的传播转入战略性的深度经营。

二、数据分析是数字营销的核心

广告领域有这样一句名言："你永远不知道你的广告费用浪费在哪"。这句话描述的其实是营销问题，毕竟广告是一种营销的手段。从传统营销到数字营销这一问题始终存在，且可能发生的浪费更加隐蔽，所以数字营销进行精确化的营销分析与管理就变得非常重要。

（一）明确考核指标

对 CMO 和 CEO 而言，能够在一起做营销投入，清晰地计算营销资源投入的 ROI 非常重要。但对大多数企业而言，只是一味地注重数字的结果，却不知道数字对于营销的意义，甚至不知道如何合理地使用数字衡量营销。另外还有一些企业已经认识到有必要采取系统的办法衡量或者评价这些信息泛滥的数字，并把这些数据合理地加工成战略目标和组织目标所需要的、专业的"好数字"。

首先来看与数字分析相关的指标。选择数字指标索引相关指标有几十个，如下所示。

lead-to-customer conversion rate：引导客户转换率，作用是判断引导销售过程是否成功。

share of voice：分享声量。可用于计算人们讨论企业与竞争对手的排名甚至比例。

cost-per-lead：单次引流成本。企业需要尽可能地提高每次引导需求的效率。

social media page views：社交媒体页面浏览量。关注社会媒体对页面浏览量的引导效果，可以明确企业产品受众人群真正关注的资源。

lead volume：引导总量。知道哪一个程序是最有效的，进行实时测量。

lead origination：引导起源。了解什么样的活动影响营销渠道。

return on marketing investment：营销投资回报率。可以高效、有意义地测

量投资成功。

market share：市场占有率。指一家企业的销售量（或销售额）在市场同类产品中所占的比重。

cost-per-click（CPC）：每次单击访问的成本。用于衡量每一则线上广告和产生单击访问的内容是否有价值。

pagerank：网页排名。当客户查找信息时，选择的相关度最高的内容。

organic search：自然搜索结果。SEO 驱动更好的有机搜索结果。

unique visits：独特的访问者。营销人员的目标就是增加网站中独特访问者的数量，以扩大营销的范围及效果（独特访问者代表一个群体）。

time on site：停留时间。有可能使一个浏览者成为消费者。

page views：页面浏览量。衡量网站是否运行良好的标准，足以让用户从一个页面到另一个页面，有足够的内容让他们参与。

funnel visualization：渠道可视化。可以表现营销和销售过程中的优缺点。

return visits：回流访问者。返回来的访问者，是一个很好的表示参与程度的指标。

bounce rate：跳出率。跳出率可以评估一个网站或者网页的无效访问。

quality score：质量评分。这是一个由 Google 设计的评分标准，用来给关键字的有效性打分。分数越高，说明用更低的花费可以得到越靠前的页面显示位置。

conversion rate（CVR）：转化率。衡量网站的影响力。

referral traffic growth：推荐流量增长。推荐流量是指通过第三方网站链接带来的访问量，但不包括通过搜索引擎带来的访问量或直接访问量。

click-through rate（CTR）：广告点通率 / 点进率。Google 在决定广告的最低单击价格和广告排名时都会考虑 CTR，可以衡量营销人员对广告内容的把握，有助于内容的成功传播。

inbound link：导入链接。也被称作 incoming link，指网站在其他网站上设有指向自己网站链接的数量。这一指标考量的是网站链接的广泛程度，有时也被当作 SEO 的参考数据。

social media publishing volume：社交媒体发布量。发布总量、平均数量、发布频率都是衡量发布数据的指标，人们需要从众多信息中找寻有关企业的记忆，发布太多会让人记忆麻木，发布过少又会让人淡忘，因此，要合理地控制和使用社交媒体。

highest trafficked pages：最高流量页面。可以知道哪些页面是访问者最喜欢去的，要保证这些页面可以引导客户并发生转化。

traffic by device：设备流量。网页在不同的设备中显示的效果是不一样的，通过每一种设备产生的流量可以知晓客户的浏览习惯，帮助企业设定营销重点。这也是近年来响应式网站兴起的原因之一。

total website conversions：网站总体转换量。用于准确地判断访客对于网站的真正价值，是一个总体性指标。

marketing-originated campaign influence：市场行为影响。用于分析什么样的市场行为可以推动或影响客户购买。

E-mail campaign open rate：电子邮件活动打开率。打开率用于获知相关性、邮件主题内容是否对客户行为的动机产生影响。

social reach：社会传播。评价信息传播的广度，该指标可以论证相关内容的传递等级。

unsubscribe rate：账户注销率。可以让营销人员判断客户离开的比例，以及进一步追溯离开的时间、触发事件。

total indexed pages：总体页面索引。总体的索引数据可以提供分析不同页面的索引数量占总体的比例，从而针对性地找出占比高与占比低的页面索引原因。

referring URL：进站前链接网页。访客访问某网页之前所到的上一个网页，访问往往是因为访客单击了上一个网页上的超链接而造成的，URL 就是用户网络行为描述的主要数据，也引发了 URL 方向的网络广告营销。

media coverage：媒体报道覆盖。越多的媒体如能提取企业的信息，就会有更多的观众能看到企业的信息。

click by channel：渠道单击。通过渠道产生的单击量，企业可以了解访问者是通过什么渠道知道的信息，也让营销人员知道更应该聚焦哪些渠道。

average interactions per post：每一个帖子的平均交互作用。用于衡量帖子的吸引度，帮助企业锐化主题的同时了解人们的兴趣点，指导将来帖子的内容信息。

advertising value equivalency（AVE）：广告价值等量。用金钱计算广告与盈利能力的关系指标，可以帮助对营销指标不熟悉的高级管理人员评判广告的价值。

marketing-qualified lead：合格的市场化引导。基于该引导指标可以评判企业自己的引导作用是不是有效果、是不是有效地把驱动性的市场营销行为影响传递下去。

keyword ranking by position：关键字排名的位置。关键字排名是一个常用的指标，可以作为人们对于某些关键词的搜索热度和关注点。关键字排名的位置，可以体现定位，准确地知道现行营销活动中的字段是否有效，并改善关键字营销计划。

drop-off rate：下降率。下降率可以预示销售过程中将要停止的部分，经常可以指出营销策略中的弱点。

customer sentiment：客户情绪。忽视客户消极或积极的情绪会使企业错失吸引关键的消费者并建立品牌拥护者的机会。

subscribers：订阅者。这些人大部分是企业的潜在客户及准客户。

media tone：媒体语气。大多数媒体报道可以保持中立，但是企业应该尝试使用媒体预期将任何负面报道影响最小化。

data quality：数据质量。数据质量管理不仅是成功的关键、营销自动化的关键，也是客户满意度的关键。

visitor demographics：访客人数统计。对访客人数的统计可以帮助企业创建某一特定地区或语言的内容，明确阅读内容的人来自什么区域、哪个国家。

marketing-influenced sales pipeline：市场影响的销售途径。一个可以衡量营销活动是否有效地影响销售途径的指标。

acquisition rate：采集率。展示企业提供的信息与内容能产生多大的影响。市场采集率越高，说明影响越可观。

（二）警惕虚荣指标

在数字营销中也存在虚荣指标。例如，网站的流量或粉丝数是常见的虚荣指标，这些指标往往是糖衣炮弹，会让营销效果看上去很美，却体现不出营销的真实状况。

单击率：高单击率有什么意义？

单击成本：如果回报高，成本也可以高？

转化率成本：转化率低，是不是就表示营销失败？

每家企业都会对这些问题有各自的观点和解释，更多的则是由这些观点导致的企业行为也会产生问题，反思这些问题时却找不到头绪，无法发现产生问题的原因。所以审核企业或组织、精确测量各种方法和工具，并评估营销投资的回报率显得至关重要。

虚荣指标的主要产生原因就是"想当然"。很多企业喜欢标出大增长数字，新闻也趋之若鹜。例如，100 万次下载量，900 万注册用户，每天 1 亿条推送等，但这些指标并没有实际的用处。

事实上，真正的度量指标和虚荣指标之间存在很深的鸿沟。虚荣指标如注册用户、下载量、原始页面浏览量、活跃用户、参与并获得新客户的成本、最终收入和利润等不一定是真正重要的数据。真正的数据是可以被保留和重复使用的，专注于真正的度量可以使产品更好，吸引更多的客户。只跟踪虚荣指标会获得成功的错觉。企业要深入分析才能得到真实的结果。

那么，如何做到不"虚荣"呢？想做到不虚荣，企业就要以客户为中心，关注以下指标。

（1）以客户为中心的营销指标：如品类需求份额、钱包份额、客户终身价值等。

（2）以客户为中心的数字营销指标：净推荐值（net promoter score，NPS）。

同时，企业还可以从另外一个维度看待营销指标的设计，区分三种不同类型的指标——财务指标、以客户为基础的指标、营销实施指标，这三个指标分别为数字营销绩效的不同方面提供了不同视角的指标测量。

财务指标主要评估企业最基本的、只关注利润或成本的营销表现；以客户为基础的指标则可以衡量企业客户资产的健康程度；营销实施指标为企业揭示了采取哪些措施可以有效提升客户基础及最终的财务表现。

管理人员应避免过度关注数据及分析本身而忽略了数据所指向的意义。在现实中，很多企业在引入绩效考核时的一个思维误区就是认为指标越多越好，其实不然。

CMO 在设置企业发展目标的时候应该通过结果倒推，要什么，才考核什么，并不是指标越多越好，同时还要评估现有绩效指标可能会对结果产生的影响，找到指标与企业目标之间的差距。只有理解了绩效指标的真正意义，才能真正驾驭数字营销战略。

三、建立评估模型

明白了指标的测量和选择，那么如何让数字有用？企业需要建立一个有效的、通用化的测量和评价模型，彼得·德鲁克常说："你不能管理你无法衡量的东西，如果你无法衡量它，你就不能改进它。"

企业可以尝试建立一个测量与评估模型（如数字市场评估模型），始终跟踪指标，用 ROI 和 KPI 量化组织绩效。数字市场评估模型是结合阿维纳什·卡希克写的《数字营销与测量模型》开发的，其五步法则是根据实际的需求，结合数字市场营销的实际现状改进而成的，具体的步骤如下所示。

（一）确定业务目标

为项目设置最广泛的参数，如营销方式、品牌、渠道。

（二）确定每个业务目标下的结果方向

为每一个业务目标确定可衡量的结果，可以按照特定方面的营销计划评估。例如，在数据收集方向上企业的数据收集工具、可用于数据分析的资源和平台。

（三）确定关键绩效指标

这些指标能衡量企业的性能和它是否能实现目标。KPI 是用于测量能力及预测结果的主要工具，它们可以对应特定的行业或组织。对于每个 KPI，管理者决定的计算方法和设置的参数将是企业成功的前提。

下面基于对网页的分析用一些指标的分类进行说明。

（1）计数类数据，最容易收集也是经常被用到的指标。这些数据大多是量化的数据，如在媒体传播当中粉丝的数量、客户单击的次数、评论的条数等；许多企业都是在大的范围内收集部分甚至全部的数据，但是它们需要理解这些数据，让这些数据能够为整个评估过程作出相应的贡献。

（2）基础类数据是主要的组成部分，通过不同的组合方式服务于其他方面的评估，如自有渠道的原始数据、平台代码等。

（四）确定结果指标

结果指标的理论体系来自数字参与周期模型。该模型主要的关注点是客户体验，数字工具在参与营销活动时分两个部分（营销前行为和营销后行为）、七个阶段，各阶段把客户设置为不同的对象，如目标客户、潜在客户。企业可以通过不同的数字工具影响这些客户，从而实现各阶段的目标。

例如，在目标客户通过营销手段（邮件营销、视频、随意点击）成为潜在客户以后，该客户就会去关注更多的信息，会主动收集、了解之前接收到的内容，这个时候企业的目标是与潜在客户建立关系（一种可以把他变成真正客户的关系），客户的体验会围绕产品信息、相关链接、阅读评论、询问朋友产品或服务的使用经验上。一个好的客户体验就是把这些客户与产品或服务的接触点做好，客户就会自然地向下一阶段过渡。

这个模型给结果指标提供了一个很好的分类标准。

（1）意识阶段：接收信息、媒体到达、病毒式传播、发布活动。

（2）兴趣阶段：成为新的访问者、引荐链接，关注趋势的品牌主题、关键字。

（3）参与阶段：投入时间、浏览过网页、参与活动、下载内容甚至提交问题意见。

（4）承诺阶段：该阶段就是转换为客户的过程和转换的次数（如事件注册、店内或网上购物）。

（5）忠诚度：进行购买后的客户体验、回访、最近访问、访问时长和频率、满意度打分、正面评价比例。

（6）分享宣传：内容聚合、喜欢提到相关信息、推荐、产生影响力。

（7）"冠军"：由客户自发性产生、社交媒体宣传、客户生成的评论和其他内容受到支持与推荐。

（五）业务价值指标

数字营销活动的结果能否达到利益相关者的要求，衡量的维度如下所示。

（1）收入：产品或服务产生的项目收入。

（2）市场份额：企业产品或服务占据市场比例的多少。

（3）利润：充分反映数字营销在基础层面的影响。

（4）品牌知名度：前景和客户对品牌的认知度。

（5）客户忠诚度：评估产品或服务是否满足或超出客户的需求，这个数据将直接关系到数字营销的二次推荐。

（6）客户维系：保持跟踪客户，一个保持良好关系的客户会更容易进行二次购买，并做推荐、分享，吸引更多潜在客户；如果数据表明客户数量在下降，那么很可能是企业在客户体验方面的服务、质量、物流等出了问题。

（7）员工生产力：一个可以直接显示效率、销售、盈利能力的数据。

（8）可持续发展能力：对长期的经济、环境、社会状况的调查。

前文说过，CMO 在设置目标的时候应该通过结果倒推，要什么，考核什么，只有基于目的设计指标才能真正驾驭数字营销战略。

四、全程增长优化

当然，在已有的基础建设上，企业还需要把必须的指标（如营销数据、预算和目标）尤其是销售线索成本和 ROI、团队建设和人员规划、资源分配等完善后，重点围绕人才建设，规划和优化业务流程，获取销售线索和实现 ROI 目标，以及完善相应的考核评估改进方法。

（1）实现低成本流量和获客成本，提高 ROI。尽管这是一个短期的目标，但它是为了实现长期的业务增长和稳定。我们需要先从某些渠道或增长方法开始，作出一个成功的样板，而不是全面开花。我们需要集中精力，合理分配资源。

（2）建设和优化数据可视化，进一步完善底层的基础建设。通过基础建设来发现营销机会并制定合理的营销方法以获得增长。然后，我们可以总结和优化这些方法，形成有效的营销技巧。战略很重要，但如果没有有效的营销技巧，就无法发挥其应有的作用。

（3）强化内容营销。在前面两个步骤的基础上，我们已经取得了一定的直接销售线索。现在，我们需要加强内容营销，如建立营销学院、与"大 V"合作、包装案例、支持论坛社区、扩大品牌内容等。此外，我们的产品数字化后，用户可以自行下载和申请试用。我们还需要完善和强化社会化营销平台，增加粉丝数量和扩大用户池。

（4）完善和强化后端运营。有了前端的有效触达，我们还需要完善后端的销售支持、用户池向销售结果的转变、用户口碑和分享与品牌的渗透等。这些都需要依靠数据来发现营销机会，并改进和强化与用户的连接和对话。我们要充分利用客户关系管理系统和 DMP 数据与广告平台打通来实现精准触达用户。此外，我们还需要提高付费率，这是运营的强化。

（5）整合线下渠道、子公司和销售人员与数字营销体系之间的联系。解决中间的损耗和流程问题需要证明我们的营销策略是有效的。否则，如果没有人配合，仅仅依靠顶层推动是难以实现的。

（6）回归协同，联动其他部门进行产品功能延展，面对新技术和新市场，我们需要与时俱进。这需要顶层的支持来推动整个过程。

数字营销的绩效管理与评估

前文已经讲了数字营销的基础知识和应用，那么在实际执行过程中如何进行关键的考核和测评呢？

一、基于社交媒体连接的评估

传统时代的消费者成长路径是：从认知、产生态度、购买到再次购买。前文曾经用"漏斗"形象地表示这一过程中逐渐递减的人数。过去，购买行为是一种 B2C、多对一的行为，因此企业可以将消费者视为较为独立的个体对待。

（一）社交媒体时代：消费者成长路径的 5A 法则

在移动互联网的影响下，消费者由独立的个体转变为聚合的群体，因而他们的购买行为由传统的 B2C 形式演变为 G2G（group to group）形式，而社群内部的连接所产生的群体效应对消费者的成长路径也产生了巨大的影响，笔者将它总结为 5A 法则。

（1）认知。这是消费者接触产品或品牌的第一步，此时，初步的认知和存在感已经建立，但这样的认知并不具备任何情感依附。

（2）吸引。吸引的驱动力来自需求，当消费者发现产品或品牌满足了他们的某一个需求或激发了他们的兴趣点时，吸引便产生了。

（3）询问。一旦购买需求得到了初步的确认，消费者便会着手进行相关信息的搜索，对信息进行分析，并最终形成评价方案与购买决策。

（4）购买。当消费者对产品的分析结果契合了购买动机时，购买意图便将最终转化为购买行为。

（5）拥护。购买后最理想的状态、拥护的状态将通过社群内部的相互影响而被扩散和放大，并反馈至 5A 法则的其他部分。

（二）由 5A 法则所衍生的指标

1. 购买行动比（purchase action ratio，PAR）＝购买人数／认知人数

传统时代的购买行动会往往保持在一个较高的水平，因而为了扩大销售额，最好的方法就是通过"广告战"提升基数——品牌认知人数。过去企业会绞尽脑汁想创意，在大众媒体投放广告让更多的人知道自己的品牌，而在社交媒体的世界中，由于品牌的爆炸式增长及消费者媒体消费习惯的更改，购买行动比出现了大幅的下降。

2. 品牌拥护比（brand advocate ratio，BAR）＝拥护人数／认知人数

新媒体时代，粉丝经济逐渐成为品牌的关键词，因而 BAR 将代替 PAR 成为更重要的指标，更高的 BAR 代表更高的粉丝经济生产力。通过提高 BAR，企业可以把营销的部分工作交给自己的"拥趸"们，让粉丝为其自动完成品牌传播、推广的工作。因此，企业应当更敏锐地发现、识别并最终留住自己的粉丝，同时赋予有效的工具来帮助他们为企业带来更多的效益，成功案例如小米的 MIUI 论坛、Sephora 的 Beauty Talk 社区。

3. 吸引指数 = 吸引人数 / 认知人数

提高吸引指数需要借助品牌的力量，通过品牌定位及品牌差异化在消费者心中占据的独特地位，创造传播驱动力，并通过具体的营销传播落实。移动互联网时代崛起的诸多小众品牌就是这一模式最好的证明。知乎是小众的"高质量知识型社交网站"，豆瓣是小众的"文艺青年大本营"，《董小姐》是小众的民谣，雕爷牛腩是小众的"轻奢餐"……这些在过去被认为是"冷门"的概念或品牌通过有效的差异化，满足了消费者派生的细分需求，并借助移动互联网和长尾的双重效应实现了纵向深度和横向圈层的兼顾发展。

4. 好奇指数 = 询问人数 / 吸引人数

提高好奇指数需要借助社会群众的力量，用社交媒体营销煽动人们的好奇心，用信息的消费者背书实现好奇指数的爆炸式增长，从而达到"疯传"的效果。

蓝翔的挖掘机、运动神经元病（ALS）慈善的"冰桶挑战"、Blendtec 的 Will it Blend 视频……似乎在一夜之间，这些病毒式传播内容在所有社交媒体平台被引爆，过去需要花费重金大量投放广告才能达到的效果，今天可以在极短时间内免费实现。

5. 认同指数 = 购买人数 / 询问人数

认同指数的关键在于渠道管理与销售人员管理，尽管今天人们提及的"渠道"在实体之外包含了更多线上的概念，但线下场所依然是非常重要的环节。以站在互联网思维风口的小米为例，其 70% 的销量仍然来自线下渠道。阿里、顺丰、京东"最后一公里"的争夺战，腾讯、万达、百度的联手 O2O 布局，这些都表明了企业 O2O 战略落地时线下渠道的关键性。

6. 亲密指数 = 拥护人数 / 购买人数

亲密指数的关键词有服务蓝图、客户服务 / 关怀、忠诚度计划。可以看到，越来越多的品牌通过会员制度中累积与兑换积分、等级奖励等方式与客户形成了共同利益，把新客户变成了"回头客"。

社交媒体的蝴蝶效应影响了消费者成长路径的形状，在社交媒体时代，理想的消费者成长路径是"认知→吸引→询问→购买→拥护"，这对企业而言会经历一个用户数下降再回升的过程，这与传统思维中递减的"漏斗"型形成了显著差异。

"认知→吸引→询问"过程中人数的下降是社群价值观与品牌价值观之间差异性所导致的筛选结果，"询问→购买→拥护"过程中人数的回升则归因于互联网的平等性和社交媒体的"蝴蝶效应"：每一个个体的声音和情绪都会被放大，在社群内部产生深远的影响，自下而上地建立并兴起各种"亚文化"。甚至在实际购买行为发生之前，一些人就已经是某个品牌的拥护者了，这也明确了经营粉丝社群的重要性。

二、基于消费者购买行为的评估

传统时代的消费者关系层级是线性的：从认知、了解、产生态度、购买意向、购买、售后到品牌忠诚，漏斗模型能形象地表示这一过程中逐渐递减的人数，而企业对每个层级阶段都可以设计一些相应的绩效指标，如评估品牌忠诚度的重复购买率、钱包份额等。

这七个阶段构成的消费者关系演进层级模型有三个重要特点：连续、线性、自上而下。品牌可以在每个阶段对消费者施加影响。

正因为"品牌认知""了解"是整条路径中不可或缺的起点，整个过程主要由传统广告、推广活动、促销活动等营销手段驱动，而广播式的广告则是核心驱动要素。品牌企划、大众媒体、大众市场、媒介计划与采购是传统营销推广模式中的几个关键词，覆盖率、收视率、到达率等则是评估传统时代营销成效的关键。作为品牌商家，企业最关键的任务是把品牌成功地推广出去，而同时沟通也是单向性的，消费者在此关系与过程中偏向于被动地接受信息。

但在数字时代，品牌与消费者在社交网络、移动互联网、基于位置的服务（location based services，LBS）等新型平台上通过分布式、多触点建立动态感知网络，双方对话不受时间、地点限制。对企业来说，能实时感知到用户的体验评论和需求有重要的意义，在此背景下，消费者关系层级发生了精简式的演变，一个强大的品牌可以大大压缩甚至直接消除消费者的考虑和评估阶段，与之对应的绩效指标也更数字化，如转化率、访问频率、客户情绪语义分析值等。

与传统模式相比，新的模式最直观且显著的变化在于信息接收与购前决策的步骤和时间都被大大压缩，其本质原因在于数字化渠道为消费者主动获取信息提供了条件，使消费者得以从多种渠道获得详尽的信息，进行相对透明的消费。

在新的模式下，消费者从被动接受品牌信息、营销推广开始逐步转变为主动获取、认知，因此数字时代的消费者行为模式应更加关注消费者从对商品产生兴趣开始的信息，到完成购买后的体验分享及整个购买过程中的互动。

同时，数字时代消费者与品牌之间关系演进的核心驱动是基于连接的对话，并非过去一对多、广播式的营销推广。对话、小众、部落化、超利基市场、应需、深度关系、感知网络等都是数字营销的关键词。如何及时、敏锐地捕捉、感知、理解每一个消费个体并与之互动，已成为提高企业营销效率的关键。

笔者将数字时代的消费者关系演进层级分为两个阶段：积极评估及客户黏性圈。在积极评估阶段，企业的最终目标是获得销售、客户基数与市场份额的最大增长，因此新客户的到达与获取应当成为营销工作的重心，与之对应的战略性指标包括流量、品牌提及率、转化率、平均订单价值等。

笔者客户黏性圈阶段，品牌应考虑减少客户流失率，将已获取的客户牢牢地持续锁定于"圈内"，同时增大客户终身价值，充分将客户资产兑现。在社交媒体的影响下，品牌只单纯增强客户忠诚度是远远不够的，还应当充分建立品牌的互动与拥护，将客户变为品牌传播的一部分，实现分享、互动、拥护的良性循环，因此，此阶段对应的指标包括客户流失率、净推荐值、客户满意度等。

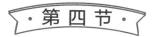

效果归因七大模型及应用场景

企业的营销管理人员每年都需要在不同的营销渠道消耗大量的预算，以期通过内容营销、活动营销、数字投放等不同的营销方式获得更多的用户关注和注意力，实现 ROMI 最大化。

在注意力经济和大数据时代，消费者能接触到的渠道、设备越来越多元化，对营销活动的分析也变得越来越复杂。市场部每天都要获得来自不同渠道的大量销售线索，以及复杂的消费用户路径。对 SaaS 企业来说，复杂的销售路径往往需要持续的销售周期，而用户在最终购买之前，往往会在多个触点与品牌产生大量关联。

通过数据化分析最终消费者购买决策到底是哪一个或哪一种营销方式，具体到哪一个营销内容和营销活动、营销渠道，这个过程叫作营销归因。追踪并尽可能完整地捕捉促成交易的用户触点，找到真正影响消费者最终购买的营销渠道和营销活动对企业找到市场策略的侧重点而言相当重要。

一、营销归因的七大模型

市场营销应该推动企业战略落地。市场营销部门的工作是为企业发现新的机会，通过细分市场和选择目标市场，精准地定位市场，让企业的营销战术走上正确的方向。

随着营销计划的不断落地和产出结果，市场营销部门需要对结果和效果进行分析，假如结果偏离了计划就必须确定问题的源头。但是绝大多数企业的营销部门最头疼的问题就是定位，往往无法准确地分析哪个营销活动的效果好、哪个不好，后续想要做些调整却无从下手。

实际上，分析营销活动的渠道效果并不容易，企业必须跟踪并捕获有助于促成交易的接触点，了解营销活动是否能真正地推动业绩增长，找出真正推动了交易的营销活动。仅凭简单的数据和人为判断恐怕难以得出准确的结论。

SaaS 企业可以从这些模型中选定合适的模型，帮助市场营销部门在营销活动中做更好的绩效洞察、优化预算、选定最佳的活动渠道、优化资源渠道配置。

1. 首次接触归因模型

基于单点接触进行评分，该模型将 100% 的贡献分配给第一次触达的渠道，即不管用户后续发生了哪些互动行为都只关注第一次互动行为。首次互动模型更加强调的是驱动用户认知的、位于转化漏斗最顶端的渠道，因此该模型在企业处于关注拉新和渠道优化、品牌知名度时最有效。

2. 末次接触归因模型

末次接触归因模型也是一种单点接触模型。与首次接触归因模型不同，末次接触归因将 100% 的贡献分配给转化前的最后一个渠道，即不管用户之前发生了多少次互动，企业只关注最后一次互动。这是最简单、最直接、也是应用最广泛的归因模型，如果企业的主要目标是产生最大的收益，更为关注短期投放、转化路径少、周期短的业务，那么可选择该模型以快速提升效果。

3. 线性归因模型

线性归因模型是最基础的多触点分析归因模型，可以将客户成交的所有作用平均分配给不同的营销渠道，看起来是一个理想主义的模型，对每个接触点都给予同样的重视。假如企业的销售全程一共涉及五个渠道，那么可以给每个渠道划分 20% 的贡献。

但是，事实并非如此，每一次接触对交易达成的贡献是不可能完全相同的。该模型比较适用于企业期望在整个销售周期内保持与客户的联系并维持品牌认知度，但并不适合进行真正的营销归因，因为它的误差太大。

4. U 形归因模型

U 形归因模型综合了首次归因、末次归因、线性归因，将贡献归于第一次接触、最后一次接触，以及介于两者之间的任何中间接触点。如果与潜在客户的初始互动对企业的业务至关重要，而最后与完成交易直接相关的接触也同样重要，那么此模型将非常适用。U 形归因模型非常适合那些十分重视线索来源和促成销售渠道的企业。

5. W 形归因模型

W 形归因模型更适合以销售驱动为主要核心渠道的企业，其比 U 形模型增加了三个接触点，包括线索创建、商机创建、销售关单，对 SaaS 企业来说，这个模型十分关注客户在销售旅程中的关键转化节点，适合对客户旅程和转化率非常关注，擅长以销售促进增长的企业。

6. 时间衰减归因模型

时间衰减模型是将销售转化的过程与客户旅程深度关联。例如，当潜在客户已经出现在企业的销售漏斗中时，企业就需要更加关注那些能够激励潜在客户进一步发展的培养计划，从而获得销售机会。因此，时间衰减模型没有将更多的评分分配给初始阶段，而是将更多的评分分配给最近将潜在客户转化为客户的接触点。

7. 五步归因模型

所谓五步归因模型就是将客户与企业接触的整个过程设置为五个关键节点，包括首次接触、线索获取、完整客户画像、商机创建、销售关单。这也是笔者从事 SaaS 市场营销近六年时间分析得来的、较为合适的模型，可以用作参考。该模型注重强调在客户旅程中依据客户意向度匹配合适的营销活动，使之与销售行为匹配，适合那些营、销一体化深度关联的企业。

二、营销归因的典型应用场景

营销归因无论是对管理层还是一线执行人员都同等重要，对管理层来说，动态地调整预算与匹配营销渠道的份额和目标市场的营销策略都需要归因的结果作为参考；对一线管理人员来说，不同的营销方式和营销活动都有相应的 KPI，根据不同的业绩贡献价值，能够合理地计算人效和业绩绩效。一般来说，主要是有以下四方面。

（1）量化营销渠道价值，衡量不同营销渠道的转化效果，评估其对最终转化目标的影响及其对应的贡献价值。

（2）帮助合理分配业绩贡献，基于归因结果按照模型设置的比例自动分配不同渠道的业绩贡献，从而进行合理的业绩绩效分成。

（3）优化营销预算分配，合理分配营销费用，找到最优营销渠道组合，最大化 ROI 和提升营销转化率，减少无产出渠道的资源分配。

（4）识别作弊渠道、降低欺诈损失，全渠道跟踪客户行为旅程，依据线索转化的历史轨迹发现异常，找到疑似作弊的渠道。

下面举两个典型的场景方便理解。

场景 1：线上广告渠道众多，如何识别优质渠道以便将有限的投放费用用在性价比更高的渠道上？

通过跟踪不同营销渠道在营销漏斗中的执行情况和转化贡献（即生成多少商机或订单），可以回溯、评估每个营销渠道的 ROI 和性价比，帮助企业科学调整营销渠道的投放比例。

场景 2：公司设定全年新购业绩目标为 1 亿元，其中市场部门需要承担 20% 业绩贡献，并为线上投放组、内容营销组、线下活动组分别设置子目标。那么如何评估市场部门及其子部门的业绩完成情况？

评估不同渠道、不同市场团队的 KPI、计算业绩贡献，从而进行合理的业绩绩效分成。

第八章　品牌、产品营销与私域运营

品 牌 营 销

在传统固有印象中，SaaS 品牌营销与 To B 业务营销一样有意无意地总会被贴上"小透明""无反响"的标签。一方面，这是由 B 端与 C 端截然不同的业务形态决定的，不少 SaaS 企业的产品和服务离大众太远，在品牌沟通中很难引发大众共鸣。另一方面，则是由企业对 SaaS 品牌营销的不重视导致，预算有限外加 SaaS 品牌营销团队的惯性思维会使俘获人心的 SaaS 营销案例难以出现，因而，SaaS 品牌营销在传播声量上一般很难超越 To C 业务营销。

相比时不时就能搞出热门事件的 To C 业务品牌营销人，做 SaaS 业务确实更需要默默耕耘。众多企业也尚未意识到好的 SaaS 品牌营销除了为企业塑造品牌力之外还能降低企业与潜客的信任成本，进而拉动业务提升。

SaaS 品牌营销的真正价值在于为企业在外部搭建一套品牌"护城河"，与受众建立信任感。那么，为何信任对 SaaS 企业如此重要？

SaaS 企业面对的客户是政企用户，电商、企事业单位、跨国公司、军队、社会机构等在决策时往往都会非常慎重。多数企业办公软件采购（飞书、企业微信、钉钉等）动辄有数百万元、数千万元甚至上亿元的合同额，要想替代原服务商，信任的天平能不向更信任的企业倾斜吗？

内部制度流程对更苛刻规范的大 KA 客户就更加严谨了，从普通业务员、业务主管、采购员再到高层，客户内部会层层把关，除了充分考量合作企业的综合硬实力外，无形中还会评判合作企业品牌力是否合格，这背后正是反复博弈后自然而然的结果。

决策周期长、内部流程复杂等因素决定了政企用户不愿意承担转换风险，在选择合作伙伴时也往往偏好信任系数更高、在行业内有口皆碑的大品牌。

所以说，信任是 SaaS 企业品牌营销的第一原则，SaaS 品牌营销人才一定是企业信任体系搭建的专家。读懂这句话，也就不难明白 SaaS 品牌营销的真正价值了。

一、理解企业、客户、行业生存现状

在与客户第一次沟通时，一定要让对方觉得销售员熟悉他的企业。简单用三个字概括就是："你懂我"。那么在真正着手搭建 SaaS 品牌营销体系前如何搞懂对方？还是得先琢磨企业、客户、行业的生存现状。

（一）了解企业

客户企业是资源驱动型、销售驱动型、营销驱动型，还是产品驱动型？处于什么发展阶段？是初创期、成长期、成熟期，还是鼎盛伴随衰退期？

在不同阶段，企业对品牌营销的需求完全不同。在初创期，企业更重要的任务是加大销售投入以获客。到了成长期和成熟期，品牌营销的投入能帮助企业打造品牌正面影响力，并为企业获客增长带来帮助，使企业享受到品牌的红利。当然，了解企业还包括搞清楚企业领导人的喜好与风格。

（二）了解客户

坦率说，很多 SaaS 企业在做品牌营销时并没有真正拜访过客户，也没有想过如何才能有效吸引潜在客户的关注。

怎么解决这类问题？除了销售人员点对点直接与客户当面沟通、建立感情外，还需要品牌营销团队"对症下药"。

B 端客户需要依据不同群体细化不同的语境。与小微企业和政府 / 央企 /

国企两类不同群体对话时，企业所站的高度、抛出的利益点会有微妙的语境差异。

小微企业生存空间狭窄，更着眼于当下的存活；中型的 B 端客户倾向于追求营收增长与利润最大化；大型 B 端客户注重内部流程的合规；政府 / 央企 / 国企则关心主旋律与惠民，当然，风险可控也是其关注的核心之一。

这也正是某电商巨头面对不同人群喊话时口吻会有差别的原因。在面对小商家时，其常常强调"赋能"；而当对面站着的是政府机构时，其措辞又成了"助力"。

（三）了解行业

商场是没有硝烟的战场，势均力敌的企业在市场竞争中难免擦枪走火，SaaS 品牌营销团队需要根据行业特征具备很强的危机预判及化解突发舆情的能力，在发生危机时需要主动帮助企业转危为安。

读懂行业内友商们的财报和公关话术并深入了解高层领导（包含营销总监、公关经理）的过往履历及团队构成后才能快速识别对手的强项与短板，这有助于 SaaS 企业在品牌营销道路上走得更有把握。

总结一下，做 SaaS 品牌营销需要知己知彼，对企业自身、客户人群、所在行业掌握得清晰才可对症下药制定策略。

二、理解SaaS 品牌营销的变与不变

不管是 B 端还是 C 端企业都需要非常清晰地向目标企业传递产品 / 服务的商业价值、为客户提供服务支持、帮助其实现商业成功。简单说，这是 SaaS 品牌营销始终不变的底层逻辑，而且这个核心诉求放之全球任何 SaaS 企业皆准。

过去十年，移动互联网浪潮汹涌。未来十年，企业服务市场将迎来井喷式发展，而 SaaS 品牌营销注定是一场必定要打的硬仗。展会、峰会、发布会

等传统 SaaS 营销模式突然失灵，线上传播渠道众多且分散，那么企业又该如何选择适合自己的平台？预算吃紧的情况下，是该做效果广告还是品牌广告？这些都是真真切切摆在企业面前的难题。

如何打赢这场仗？不妨先试着理解以下三个问题。

SaaS 品牌营销价值是什么？企业、客户、行业生存现状如何？SaaS 品牌营销的变与不变有哪些？

除此之外，在内容上降低传播门槛、在渠道上力求精准、与上下游抱团形成闭环也至关重要。

下文提供 SaaS 品牌营销的三种新途径——降低客户认知成本、力求渠道精准、联合营销生态链，希望这些途径能为企业在认知上打开一扇窗。

（一）降低客户认知成本

企业 B 端业务品牌营销最难的环节莫过于传播沟通。一方面，大众对面向企业的产品都比较陌生，日常生活中完全没有机会接触；另一方面，SaaS 业务会涉及很多专业名词，尤其是各种晦涩难懂的术语和英语单词，非专业人士看了往往会一头雾水。

举个最近热门的跨境电商的例子——AdsPower 的广告，如图 8-1 所示。

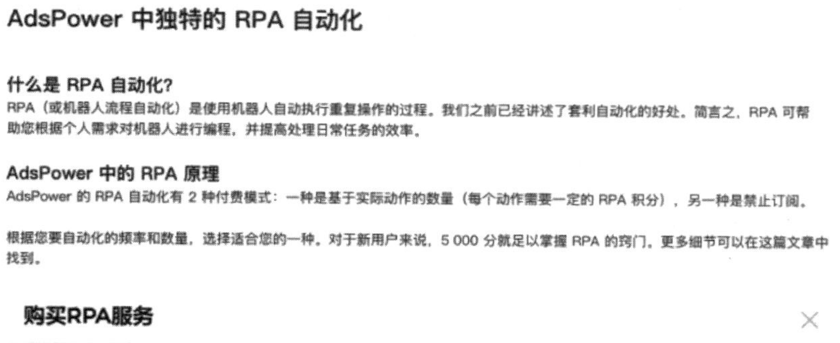

AdsPower 中独特的 RPA 自动化

什么是 RPA 自动化？
RPA（或机器人流程自动化）是使用机器人自动执行重复操作的过程。我们之前已经讲述了套利自动化的好处。简言之，RPA 可帮助您根据个人需求对机器人进行编程，并提高处理日常任务的效率。

AdsPower 中的 RPA 原理
AdsPower 的 RPA 自动化有 2 种付费模式：一种是基于实际动作的数量（每个动作需要一定的 RPA 积分），另一种是禁止订阅。

根据您要自动化的频率和数量，选择适合您的一种。对于新用户来说，5 000 分就足以掌握 RPA 的窍门。更多细节可以在这篇文章中找到。

购买RPA服务 ✕

图 8-1　AdsPower 的广告

这篇原本应出现在掘金、CSDN 程序员平台上的技术分享文章却被发布在了网络媒体上，可想而知会有怎样的传播效果。业务"专""深""小众"

是很多科技领域 SaaS 品牌营销的显性特征，但并不是说营销团队对此束手无策，关键仍在于降低不同客户决策者的认知成本。

SaaS 客户决策人多、流程长，针对客户组织群体中的不同决策者，仅靠一套话术、单个渠道是远远不够的。像浪潮企业级存储这类 SaaS 业务的最终目标用户是 IT 部门的硬件工程师，这一点没错，但在销售环节，采购部门与企业负责人也一样有话语权。在品牌营销上，浪潮可以借鉴 IBM 和阿里云的市场营销策略，即渠道去中心化，针对不同的决策角色推出不同的营销策略。

例如，针对 IT 经理，SaaS 企业可在掘金、CSDN 等 IT 类媒体入驻，定期推出偏技术向的内容；针对企业 CEO 更看中的不是枯燥的强技术相关话题而是能为企业带来什么价值、是不是可以"降本增效""精益管理"等现状，SaaS 企业可以通过闭门会、白皮书、直播、社群等形式吸引他们的注意。针对采购，阿里云的方式是用采购看得懂的语言传播，即 To C 社媒营销，在 B 站、今日头条、微信、微博等主流社媒平台随处可见阿里云的软文及信息流广告。

总之，降低客户不同决策者的认知成本是最有效的触达客户途径。针对不同决策者，传递好"我是谁""我服务的客户有哪些""我能给你带来哪些价值"这三个关键问题能让客户在后续相似场景中首先想起企业。

（二）力求渠道精准

To C 业务向的企业在做品牌营销时，企业经营者常常抱怨"有一半预算是浪费的，可我不知道是哪一半"。对 SaaS 业务而言这个问题也依然存在，那么如何最大限度地规避这个问题呢？

企业经营者之所以会焦虑，还是在于品牌营销团队无法找到适配自己企业的精准渠道。笔者想分享一个多年来做 SaaS 营销的认知，即"曝光量高的头部渠道≠精准触达≠效果好"，认识到这一点就能少走很多弯路。

在微信、微博、头条、抖音、B站等新媒体平台，权重大的官媒及关键意见领袖（key opinion leader，KOL）的价格不必说，想找几个"头部财经大V"合作的话，二三十万元也只是起步价，但最终微信曝光量或许也就能有5万次、10万次。不是说这几个"大V"不好，问题是，企业投放真的触达目标客户了吗？

评判品牌营销的效果好与不好不能光看ROI，还要看潜在客户是否有转发互动、媒体跟进报道及全网是否发酵，以及企业产品与服务反馈、竞争对手反应等综合情况。这些都是精准营销的评判维度。

此外，"大佬私域"也是不容忽视的一个渠道，行业内权威专家、企业家等有影响力人士的朋友圈也都是SaaS企业可以考虑的渠道。相对公域而言，"大佬私域"传播更加精准，是为数不多能做到点对点传播的渠道。

渠道是品牌营销最容易被忽视的点，尤其对想要做行业渗透、垂直市场渗透的SaaS企业来说，寻找正确、价格适中的渠道资源尤为关键。

（三）联合营销生态链

品牌联合营销、跨界营销的价值是得到业内认可的，但生态链联合营销却并未受到大多数SaaS企业的重视。所谓生态链联合营销指邀请生态合作伙伴们一起做品牌营销，与上下游抱团形成闭环。

生态链联合营销的参与者包括客户、供应商、经销商、同行的非竞品企业等。To C行业中较擅长做生态链联合营销的是阿里、京东、拼多多、抖音这些互联网大厂，每逢"双十一""618"等节日，它们擅长联合入驻平台的中小商家、国内外品牌一起联手搞活动，制造一个又一个"嗨点"。

SaaS行业，像"云栖"大会、华为生态大会、用友BIP技术大会等这些也都是传统线下形式的生态链联合营销。在线下峰会，企业会邀请各公司高层、行业解决方案工程师、合作伙伴代表等集中向潜客讲解、展现产品卖点，同时邀请行业内有影响力的官媒、垂媒、行业大咖一同参与讨论、扩散传播。这种形式能有效增加品牌认知，快速与潜客建立信任。

而在线上，整合好社媒的话生态链联合营销也一样可以达到营销效果。华为在知乎向同行、上下游合作伙伴发起的提问就打出了 SaaS 生态链联合营销教科书意义的牌局，如图 8-2 所示。

图 8-2 华为在知乎的提问

品牌力的叠加。像微软亚洲研究院这样的机构，属于华为横向的竞争者，西门子、比亚迪、苏宁、奇点汽车在内的 To C 品牌是华为的客户或潜客，而像市场研究集团益普索这样的则是华为的生态合作伙伴。这样机构或企业彼此围绕一个问题展开讨论能够帮助华为最大程度借势其他品牌力量背书。不同应用场景的品牌无形中也展现了华为人工智能今后丰富的应用场景。这种相互背书、互补互利的内容营销能形成品牌力聚合叠加效应。

优质内容沉淀。活动做完就走一直是 SaaS 品牌营销的弊端，即一个线下峰会开完，线上点播也就昙花一现，内容很快就会迷失在庞大的信息流中。知乎平台有利于全网搜索、留存优质内容。其提问回答的形式与线下展会有相通之处，在图 8-2 所示的这组知乎问答中，华为作为提问方就好比峰会的主办方，回答提问的品牌方则是出席峰会的受邀方，当各家机构或企业彼此观点激烈碰撞时，华为无疑可以达到品牌营销效果的最大化。

营销一体。不同于百度 SEM 推广自动收集线索，在知乎做内容营销需要市场部门或公关部门邀请销售部门一同参与。销售部门重点关注两个地方，一个是知乎后台的私信留言是否有来自意向潜在客户（潜客）的，另一个是非定向邀请、主动参与话题的品牌，企业需要跟进并把这些关系沉淀下来，不断与他们持续沟通，促成转化。

SaaS 企业做生态链联合营销可以从以下三个维度着手。

（1）依据客户的领域而划分、从细分场景入手（如金融、医院、学校、科研单位等行业），定向邀请客户或潜客开展营销，向他们提供行业解决方案。

（2）依据资源而划分，寻找能与自身资源形成互补的上下游合作伙伴，通过"1+1>2"获得品牌力叠加效应。

（3）B+C跨界。例如，2021年年初引发全民热议的"山东蓝翔学姐陪你开飞车"视频。类似"大开脑洞"的颠覆式的跨界是扩大SaaS企业短期内品牌影响力的有效途径之一。

生态链联合营销适用于任何企业。例如，为服装品牌和电商红人提供SaaS化解决方案的知衣科技就以赞助商的身份为热播剧的女一号演员提供柔性定制服务，形式不拘一格，其目的都是触达和激活客户。

三、品牌营销价值量化

很多人都知道广告费浪费了一半，却不知道浪费在哪里；一些企业做了一次品牌推广活动，却不知道如何衡量活动对企业品牌的影响；一些企业选择了合适的营销矩阵，多管齐下地做营销活动，却没有办法区分不同渠道的效果。也许以下内容能给出一些启发。

营销理论的4A、4R和AIDA模型对应了用户从接触到营销信息开始的注意、知晓、态度、行动的四个阶段。从广告投放上看，品牌广告和效果广告分别针对消费者消费行为过程中的不同阶段。数据表明，在效果广告投放中，品牌知名度高的企业获得的销售转化率往往高于其他同类型企业。

现在成功的企业一般将品牌营销和效果营销相结合使用，通过品牌营销建立消费者对产品的早期认识，通过效果营销促进消费者最终购买产品。如此反复，将企业品牌和销售额推向一轮又一轮高潮。

俗话说，有衡量才有促进。相比效果营销，品牌营销的评判标准一直较模糊。这里提供一个常用的模型——助攻模型。

　　球场上各助攻球员需要将球传给主力球员进球，但并不能说助攻球员没有价值。助攻球员的价值在于通过团队协作辅助其他球员进球。品牌营销就像助攻球员，在前期做了大量的铺垫，促成最终的用户下单，哪怕下单的是其他渠道，也是这次品牌营销的助攻贡献。

　　助攻贡献的计算方法不难理解，假如渠道 A 的一次营销活动覆盖的用户在一段时间内在渠道 B 中完成了转化目标，那么成功转化的用户就是渠道 A 对渠道 B 的助攻贡献。转化目标可以是任意的用户行为，如注册、下单、发帖、看完新手教程等，具体根据产品的需要来设定。

　　因为每次营销活动对用户的影响是随着时间衰减的，所以在计算中需要人为地指定一个时间窗口（一般不要超过 1 个月）。可以认为只有在时间窗口内完成了目标转化的用户才算品牌营销活动真正的助攻贡献。

　　最后，即便完成了相同转化目标的用户，他们的商业价值也不是完全相同的。以用户注册为例，Papi 酱的加盟和某路人甲注册对直播平台来说有天壤之别；以消费为例，买了轻奢品的"土豪"和"薅羊毛党"，系统也不应该一视同仁。不同的用户对系统的价值不同，要给价值高的用户更高的权重，并将这个权重加到助攻贡献中。

产 品 营 销

　　根据 To B 业务和 To C 业务面向客群的不同，产品市场经理（product marketing manager，PMM）相应的职责也会有一些差异。但是总的来说，PMM 是一个高度交叉职能的岗位，通常需要负责产品调研、定位、启动和驱动获客等工作。概括来说，PMM 的工作就是理解产品的价值主张并在此基础上把信息有力地传递给市场客户。

从宏观的角度看，PMM 的目的就是降低甚至消除用户对产品的认知负荷。认知负荷这一理论来源于心理学的概念，主要源自人类短期记忆的有限性，如果短时间内获取过多的信息会导致人无法处理这些新的信息和难以形成长期记忆。低效的沟通会增加人的认知负荷，从而影响用户对产品的认知。

为了减少用户的认知负荷，PMM 需要努力让产品有清晰的价值主张、正确的定位和具有吸引力的信息，从而使用户能够在最短时间理解产品是什么及他们为什么要用到这个产品。

从组织层面看，产品市场位于销售、产品、市场和客户成功的交界点，如图 8-3 所示。产品营销需要从策略层面给予这些不同部门支持，又依赖这些部门最终实现产品进入市场（GTM）的目标。

图 8-3　销售、产品、市场和客户成功的交界点

一、什么是GTM策略

GTM 英文全称是 go to market，字面翻译是进入市场。一般 GTM 后面都会有策略、计划等词。GTM 策略更强调把某个特定的产品推向市场，并取得很好的销售成绩，如表 8-1 所示。

表 8-1　GTM、市场营销计划与业务战略的区别

	GTM 策略	市场营销计划	业 务 战 略
内容	针对某产品/产品系列的上市及整个生命周期整体营销、销售规划	从业务需求角度出发制订的品牌及商机管理为目标的市场执行计划	公司整体的发展规划、包含产品、营销、销售、研发、供应链等部门的计划
制定时间	产品开始构思时，覆盖产品生命周期	年度/季度/月度	年度

注：在初创企业或产品比较单一的企业这三者的区别不大。

产品 GTM 策略常常提到以下三个关键词。

（1）产品与市场的契合（product market fit，PMF）：产品真的能满足目标客户的需求。市场由海量的客户组成，一家企业 GTM 要在海量的客户中选择自己的目标客户。

（2）整合：需要研发部门、产品部门、市场部门、销售部门的合力才能实现。每个部门在 GTM 的分工如表 8-2 所示。

表 8-2　不同人员在 GTM 策略中的职责

	研 发 经 理	产 品 经 理	市 场 经 理	销 售 经 理
产品规划及研发	根据产品经理提的需求清单研发产品	从销售、渠道合作伙伴、产品营销经理处综合整理信息，提产品需求	市场调研、竞争分析，定义目标客户	了解竞争对手的产品价格、核心客户等
上市前筹备	产品测试、迭代等	• 产品路线图 • 定价、盈亏平衡点计算 • 内外部产品培训等	• 用户画像 • 整合营销规划 • 销售工具包 • 官网、产品资料等	• 产品销售计划 • 渠道培训等计划
上市后	优化迭代下一代产品	• 收集客户、渠道商反馈	• 持续市场投入、促销等	• 不断扩大销售以收集售后反馈

（3）产品生命周期：GTM 是产品从上市、小范围试用、大规模推广、升级迭代甚至退市整个过程的规划。

因此 GTM 需要分阶段规划，每个阶段重点不同，营销推广和销售的策略都有所不同。不过，产品推向市场用的还是市场活动、SEM、媒体发布会、行业展会这些执行方法。

现在互联网及 B2B 企业产品上市都会有 GTM 策略。对外要精准触达目

标客户，按照需求研发、满足销售产品的需要；对内企业要紧密协同，找到投入产出最大化的方法。

在制定 GTM 策略的时候，需要考虑的因素有 4W1H。

（1）Who：卖给谁？

（2）Why：客户为什么要买？能解决他们什么需求？

（3）How：产品是如何解决客户的问题的？

（4）What：独特的卖点是什么？

（5）Where：用什么方式触达？

举个例子，一款企业数字营销成熟度测评软件会针对下面的因素思考（表 8-3）。

表 8-3　企业数字营销软件成熟度 GTM 策略的考虑因素

目标客户	B2B 科技驱动企业，特别针对已经有了至少两位数字营销成员的企业。这些企业大多在一二线城市，对商机驱动业务增长还处于摸索阶段
客户为什么买	企业的数字营销程度不同，选择数字营销工具的时候容易造成浪费或导致产品不匹配需求，先做成熟度测评会更有针对性，节省了成本，提升市场价值
怎么用	先免费试用，再购买 Pro 版，根据需要采购评测报告及咨询方案
独特卖点	市场上除了国外的 Gartner 还没有竞争对手，这款产品的卖点是快速诊断，按需提供解决方案
推广渠道	自媒体、白皮书、产品发布会、CMO 行业会议等

PMM 会在四个关键活动中扮演重要角色。

（1）调研客户和市场。理解客户需求、找细分市场和相应的策略是这一阶段的重要目标，同时，PMM 也可以在这一阶段分析竞争对手的相关情况以评估市场机会，帮助销售团队找到差异化定位，并提供定价指导。

（2）市场定位和信息。在完成调研后，PMM 需要从客户特征、消费心理、产品挖掘和使用场景等方面进行总结，形成最终的目标用户画像。

（3）启动产品。在确认 PMF 之后，企业需要制订相应的执行计划以推动产品启动。PMM 会协同产品的测试版发布，渠道营销、销售支持及和客户成功等部门则应共同产出支持材料以解决用户问题。

（4）开启客户教育并驱动产品被采用。关注产品启动后的表现并及时将产品中不好的部分反馈给产品部门以进一步完善产品，从而使产品更好地被采用。同时 PMM 还需要开启相关的客户教育项目以确保产品被采用。

二、如何制定GTM策略

简单总结来看，制订 GTM 计划分为下面八个步骤。

（一）选定目标市场（市场需求分析、竞争产品分析等）

市场部门主导对行业需求、市场趋势等方面的分析；产品经理主导做竞争对手产品性能、价格对比等方面的分析；销售人员提供一线客户的反馈，并根据销售策略提出初步的想法。

（二）定义目标客户（目标客户画像）

集体讨论后，为准备上市的产品选定目标客户，例如，针对物流行业，一线城市、企业规模 20 亿元以上等维度都可以成为定义目标客户的方法。

（三）产品定位、定价

在产品方向已确定或产品已经有测试版后探讨产品的卖点、独特之处、定价等。

（四）产品信息屋及整合营销计划

有了定位之后要拓展产品信息屋，针对客户、合作伙伴、媒体传达一致的信息，且要用他们听得懂的语言。

接下来制订整合的市场营销计划，如线上推广、产品发布会、关键词投放、重点客户会议等。

如果面向大客户，那么可能有针对性的线下活动更有效；面向中小客户，则也许可以联合合作伙伴做产品巡展、线上直播、在线研讨会等。

（五）合作伙伴推广计划

除了面对客户，合作伙伴的力量也是产品推广成功的关键。企业要让合作伙伴了解产品、招募对产品推广有兴趣的伙伴。

（六）销售目标、费用预算

有了这些计划，还要对销售目标、推广费用、多久能达到盈亏进行讨论。

（七）整合 GTM 计划时间表

GTM 计划时间表如图 8-4 所示。

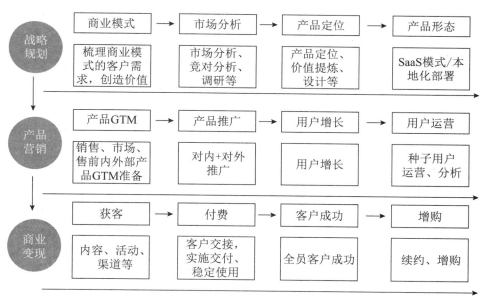

图 8-4　GTM 计划时间表

（八）执行并及时更新和调整计划

GTM 计划常常会遇到如产品交付延期、销售进展滞后等情况，此时企业需要进行集体讨论，调整方案。

GTM 看起来一点都不难，但是实际上要做好则难度非常大。产品经理、

PMM 不但需要很强的协调沟通、项目管理能力，还要有洞察力，对客户的潜在需求、竞争态势、技术发展趋势等有独特的见解。同时他们还需要关注客户体验，不断与客户沟通交流，调整优化产品。总结来说就是从市场中来，到市场中去。

私 域 运 营

一、私域运营的本质

不管是 B 端还是 C 端，80% 流量都被 BAT（百度、阿里巴巴、腾讯）占据，渐渐走高的流量费用、难以预估的营销成本严重挤压着企业的利润空间，因此"私域流量"应运而生。

2020 年被认为是"私域元年"，历经 2 年时间的沉淀，C 端业务在私域落地方面如火如荼，随着企业微信的大力推广，一批 SaaS 企业开始入局私域，构建私域工具，相关的、不相关的企业都纷纷想分一杯羹。目前，多数企业仍在探路阶段，并且仅围绕 B2C 业务构建私域。随着腾讯的"增长水轮"模型推出，伴随着组织变革、运营模式的颠覆，一系列阶段实践成果都颇有成效，唯独 B2B 业务端的私域运营似乎才刚开始。

与 C 端业务不同的是，B 端业务的公域流量本身就是存量市场。公域流量也只是为了寻找"存量"。不同于传统的 C 端业务更依赖于品牌及资源，B 端业务的流量更依赖人情，关系价值感更强，企业通过 BBAT 及其他小渠道挖掘价值洼地的过程也是为了寻找机会建立信任关系，这样的精力、效率其实都是有限的，并且这些企业数量也是有限的，所以本质上就是存量的竞争。

B 端业务流量有以下限制。

（1）公域 SEO/SEM/ 信息流等效果有限。

（2）公域流量偏向直接获取销售线索，且成本与市场竞争直接相关。

（3）渠道推广模式的管理成本高、难度大。

SaaS 企业通常在拿到这部分流量之后，市场部门、运营部门、销售人员都是想尽可能提高转化率，这个过程实际上就是建立信任的过程。

因此 B 端业务的私域流量可以定义为：将公域流量（投放、自拓、渠道、介绍等）获得的"用户"转接到私域（小程序、官网、企业微信、公众号、视频号等）上，通过全流程的深度服务构建信任关系，最终实现全流程 LTV 提升。

《跨越鸿沟》一书将产品引入市场不同阶段的角色分为创新者、早期接受者、早期大众、晚期大众、落后者等不同的阶段。将这一概念用在 SaaS 工具的私域逻辑上，那么 SaaS 企业就是创新者，需要不断通过运营提高早期接受者（敢于尝试新工具者）和早期大众（意识觉醒较快者）的比例。对于 B 端业务来说，其实私域无外乎有以下三个作用。

（1）多触点与用户沟通，缩短用户决策周期。

（2）提高付费转化率及交叉付费率，摊薄获客成本。

（3）从接触客户开始进行客户全生命周期价值的挖掘。

二、私域运营的要点及全流程设计

在建立价值链的过程中，从著名的"六次触达理论"可知，当一个客户能够被企业触达六次以上，那么其被转化的比率将趋近于 100%。

那么从 SaaS 业务的销售过程分析，这六次分别是什么呢？

（1）通过广告 / 内容 / 活动产生第一次交互，获得客户联系方式。

（2）向客户发送产品介绍或者案例。

（3）促使客户在朋友圈评论。

（4）邀请客户参加活动。

（5）使客户试用产品或注册测试账号。

（6）偶尔与客户沟通或送上节日祝福。

这样的六次触达如果能做到有效沟通，那么转化成功的概率就很大了。所谓的有效沟通是在这些交互过程中，客户有反馈并且能提供潜在的机会或者愿意提供更深入的了解机会。而如果企业想展示自己的专业性，那么企业专家 IP 全线赋能就是最佳方式，该方式不仅能够帮助销售部门快速提升专业能力，还能淡化销售部门与客户链接影响的重要性。

当然有人说了，这不就是"养鱼"吗？其实这是"个性化喂养"和"跑马圈地"相结合的过程。

正如前文所述，无论是面向 C 端业务还是面向 B 端业务，本质上都是用户思维。只不过相对于 C 端业务的直接性，B 端需要根据决策链的不同角色，B 端业务的用户思维和用户路径要更加准确，根据角色、渠道、价值点匹配不同的内容，通过内容和活动传递产品及服务的价值，深化 SaaS 企业之间的价值壁垒，做到个性化和圈层化互相协同。

换句话说，相对于传统软件营销用户漏斗，其实 SaaS 业务的私域营销模型也可以变成一个双菱形结构，如图 8-5 所示。该模型将种子用户分为 KP 和一线执行层，构建了不同的信任链条，逐渐扩大了私域。

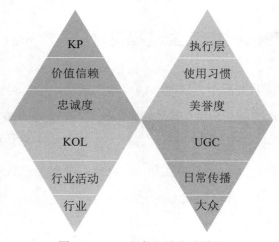

图 8-5　SaaS 业务私域营销模型

多数企业的种子用户都来源于创始团队的原始积累，这部分用户可能与创始团队成员存在信任关系，但是对产品的信任度较低，因此从这群人出发构建信任闭环只需要做好一件事，就是帮助他们认识痛点并借助厂商工具解决痛点，这样这些用户就将成为企业的 KOL。

那么，如果创始团队没有种子用户应该怎么办呢？

（1）对各个媒体"能蹭就蹭"。先利用行业内的小媒体、甚至自媒体追求早期曝光。每一点小的流量都能成为爆发的风口。

（2）合理利用社区运营。创业早期，企业可以利用知乎等打造软性营销。

（3）讨巧的"同业置换"。在业内，企业可以寻找一些并非直接竞品的团队，和它们进行资源互换。可能比从媒体导入的流量质量要高很多，而且更加真实。

种子用户的问题解决了，那么企业就可以利用种子用户和自身员工进行私域破圈营销。首先要先明白一个问题，这些种子用户有没有什么整体特征，也就是企业用户画像。所谓企业用户画像指使用 B 端产品或服务的企业用户，具有企业属性特征和企业内部多个角色属性特征结合而成的画像，是对现实企业用户的数字建模。

基于种子用户，企业可以大致地描绘出这些用户画像。

（一）数据采集

前文提到了种子用户的来源，这里默认提到的种子用户都是关键决策层，包括以下层级。

（1）行业层，指企业用户的行业属性，不同行业存在不同的市场结构、运作模式、运行规律。通过行业特征，SaaS 企业可以了解目标企业用户行业的现状和发展趋势。

（2）企业层，指企业用户的企业属性，如成立时间、规模、人员规模、收入规模、活跃用户、使用评价等。通过企业特征，SaaS 企业可以了解目标企业用户的现状。

（3）员工层，企业用户画像不仅是企业属性特征，同时还包括企业内部角色属性的特征，即决策链角色特征，可分为决策者（老板、高管）、使用者（员工），决策者和使用者的关注点和需求可能存在很大差异。

（二）用户标签

标签是某一种特征的符号表示，每个标签都提供了一个观察、了解企业用户的角度。采集完基础数据后，就可以构建标签体系了。

构建标签体系要先清洗原始数据、统计分析，得到事实标签，再进行建模分析，得到模型标签，最后进行模型预测，获得预测标签，如图 8-6 所示。

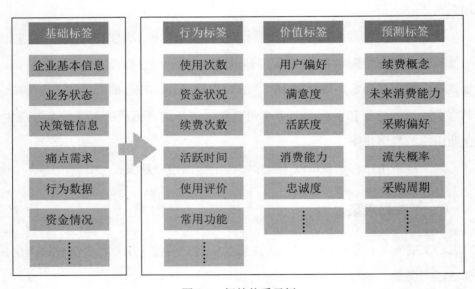

图 8-6　标签体系示例

标签的每一个层级都是对上一层级标签的再次提炼。一般情况下，标签体系是开放和变化的，并不是一成不变的（表 8-4）。

首先，由于企业用户的需求可能会随市场环境不断变化，为了满足企业用户需求，SaaS 产品也应不断地调整和完善。

其次，每家供应商产品所面向的企业用户都各有特点，且原始数据会存在差异，灵活使用标签体系才能获得更好的效果。

表 8-4　企业用户标签

一级维度	二级维度	三级维度	标签
企业用户属性	企业基本信息	人员规模	100 人以下
			100~499 人
			500 人及以上
		年交易额	1 000 万元以下
			1 000 万~4 999 万元
			5 000 万元及以上
	企业行为数据	成交额	10 万元以上
			10 万~100 万元
			100 万元及以上
		使用评价	1 星
			2 星
			3 星
			4 星
			5 星

另外，标签的颗粒度也很重要，颗粒度越粗，特征就越模糊，而颗粒度过细则会导致标签体系过于复杂而不具有通用性。

基础标签由基础数据经清洗、去重、去无效、去异常、整合提取而得，对这些数据的深入理解，是为后面模型标签的构建做的准备。

模型标签由一个或多个事实标签组合而成。如"企业用户价值等级"模型标签由采购总数量、采购总金额、结算周期等事实标签组合而成。模型标签的颗粒度越粗，每个模型之间的特征就越模糊；模型标签的颗粒度越细，则越会给产品定位和运营推广带来负担。

预测标签可以根据已有事实数据和模型标签预测企业用户的行为偏好，在一定程度上反映企业用户的规律性。预测标签可以是简单的数据统计，也可以是复杂的预测数学模型。

搭建完成上面的标签体系以后就可以基于用户行为开始 0~1、1~10、10 到规模化的私域运营。需要强调的是，用户画像不是一成不变的，需要反复

迭代 ——因为 B 端用户是不断变化的，客户业务方向可能会调整，客户高管可能更换等。所以 SaaS 企业需定期回顾用户画像更新调整，确保与现实情况的一致性。

因此在拿到这部分流量之后，B 端市场部门和运营人员要尽全力提高转化率，而这个过程实际上就是建立信任的过程。之前提到 SaaS 的私域运营是为了实现用户的全生命周期所有关键节点的价值最大化，那么下面将分析一下 SaaS 的关键节点都有哪些。

一般来讲，To B 业务的生命周期主要包含以下流程：获取流量→获取客户线索→线索培育→市场认可线索→销售认可线索→销售转化→客户新手期→客户成长期→进行复购→续费。

围绕客户生命周期，这里将私域营销的内容分为 6 个阶段，如图 8-7 所示。

图 8-7　SaaS 私域营销的内容阶段

以上 6 点形成了一个私域的持续闭环，加上充足的资金，SaaS 企业可以利用数字付费推广的方式持续引进新用户，扩充私域流量池的容量。

知道了用户的属性，那么 SaaS 企业就可以将整体的内容分为几个模块（表 8-5）。

表 8-5　私域内容与阶段

对　象	阶　段					比重
	认知	教育	决策 / 购买	培训 / 使用	增购 / 复购	
对资本	说行业价值，	说公司发展，	说产业生态，	说商业模式，	说业绩	5%
对媒体	说行业发展，	说社会责任，	说企业价值，	说产品，	说客户，	说企业大事	10%
对市场	说行业发展，　说行业格局，　说行业趋势					5%
对决策层	说产品，说行业痛点，说方法	说行业洞察，说解决方式	说客户案例，讲解决方案	说教程，说操作手册	说效果，再诉说痛点	50%
对执行层	说产品，说行业痛点，说方法	说行业洞察，说解决方式	说客户案例，说解决方案	说教程，说操作手册	说满意度，说问题	30%

匹配了模块和行业，就可以对这些不同的对象进行目标营销了。

三、SaaS私域的渠道实操方法

那么 SaaS 业务的私域到底应该怎么做呢？下文将根据不同的媒介渠道详细地讨论。

（一）数字投放：公域导私域

前文讲过投放相关的内容该如何设置，这里不再赘述。实际上，通过渠道获取了客户，完成了市场开发就代表需求已匹配，但是尚未完成 SDR 的转化率提升，实际上这里可以一步完成公域到私域的过程。

落地页要有诱惑力。例如，落地页是想给客户发资料，那么可以提示注册或扫码领取资料，同时提示注册完成以后可以扫码添加公众号获得更多有价值的内容，这样的话，至少有 2 个私域触点完成了客户进入。

设计用户体验流程。用户从接触落地页开始，往后的每一个操作步骤越简单越好，流程步骤越多，用户流失的可能性就越大。笔者之前计算过，一般与客户接触超过四个触点，那么这个客户离开的可能性就非常小。

（二）公众号矩阵：公私域链接口

其实利用公众号矩阵就可以搭建微信生态中的搜索布局，订阅号（品牌号）起到了微信生态中"官网"的作用，是内容势能的重要阵地；服务号（产品号）需要做的是做好业务本身相关的服务、相关操作的引导等。

不同类型的业务对公众号内容矩阵的搭建思路都有所不同。

做行业通用型 SaaS 的企业，要针对各个细分行业、细分业务搭建。例如，企业的业务是帮助全行业的商家解决业务增长问题，那么公众号内容应该包含行业、渠道、研究院（学院）。通用型 SaaS 企业则需要搭建内容矩阵完成客户私域的精准匹配。

针对垂直行业 SaaS 企业，只需要做好一个公众号即可，菜单栏中可以设置引导客户留资设置福利礼包入口、客户成功案例入口、产品注册使用入口、代理商合作申请的入口、公司介绍入口、业务合作联系入口、内容入口、社群入口等。

（三）朋友圈：数字员工统一 IP

每一条朋友圈信息都代表着企业的价值观，每一次真实的互动都是企业在真诚地与客户沟通，因此朋友圈的内容非常重要，如果只包含工作相关的内容那就是营销号，如果只有生活内容则无法体现专业性，因此可以这样配比。

（1）日常生活方面内容占 5%。

（2）观点输出方面的内容占 10%。

（3）个人成绩或公司成绩方面的内容占 5%。

（4）与人设相关干货方面的内容占 40%。

（5）广告方面内容占 40%。

这里的广告并不是单纯的广告，与企业行为密切相关的动态内容都能被称为广告。

之所以公众对企业微信很谨慎，就是因为怕被广告侵蚀。实际上朋友圈是一个很好的展现企业形象的地方，也是最能与客户建立深厚情感连接的地方。

至于什么时间发朋友圈，一般早上 8 点，中午 11 点 30 分～下午 2 点，晚上 6 点 ~10 点效果是最佳的。

目前笔者尚未发现市面上有能够针对朋友圈精准营销的运营，希望未来能够多一些相关的标签化管理和精准推送。

客户分类方法主要有以下几种。

（1）按客户生命周期的各个节点分类。新加的好友；有过互动的好友；有购买意向的好友；购买过的好友；新手期的好友；成长期的好友。

（2）按行业类型分类。餐饮类的好友；旅游类的好友；零售类的好友。

（3）按客户企业规模分类：KA 客户；中腰部客户；小微客户。

（4）按前三种类型的自由组合混搭分类，然后根据分类针对性地转化和服务客户。

（四）社群运营：最容易复购和成交的地方

SaaS 业务的微信社群主要有三种类型：线索培育型（活动组建的群也被包括在内）、转化型、服务型。

线索培育型社群的作用就是培育客户的线索，最终将符合销售需求和目标的线索交给销售人员跟进转化。

转化型微信群的作用就是进行客户销售转化。这类社群将一系列试用过的客户聚集在一起，有专人解答各种问题，最终实现销售转化。

当客户成交以后，SaaS 企业就要为客户提供服务，帮助客户成功，此时创建社群让多个乙方服务甲方，这样的社群就是服务型微信社群。

那么如何运营社群呢？主要有以下四个步骤。

（1）确定价值。明确社群的价值，这些价值包括让更多的顾客了解 SaaS 企业的产品和服务、了解 SaaS 企业的解决方案；与群里的群友连接，形成好友关系；让群成员得到学习和成长；让群里的顾客得到实时响应的服务等。

社群的价值能否满足客户需求及能否让客户形成依赖，基本上决定了其命运。

（2）创建和设计用户流程。一般针对 To B 业务的企业主流做法都是通过个人账号邀请客户进群，在客户进群前后这两个关键点的设计就很重要了。进群前，要向客户传达两件事，即价值感和进入社群的门槛。要让客户知道社群对客户来讲有什么价值，以及让客户感受到进群的门槛。进群后，要设置欢迎语及仪式，带动成员一起欢迎。

（3）搭建成员结构和促进成员连接。社群的成员结构包括建群者、管理者、专家、日常活跃者、潜水者，在运营的过程中，一个人可能身兼多个角色。社群想要变得活跃和拉长客户的生命周期，那么促进成员的连接是必不可少的工作，促进成员连接的最有效方法就是群内的话题运营和线下活动的举办，只有通过线下举办活动，社群成员的现实连接才会更深。

（4）持续性的运营。可以有计划、有节奏地邀请行业专家做分享；可以有组织、有规划地在群内讨论话题，以保证群内有话说、有事做，提高社群质量。

第九章　衡量 SaaS 企业增长的标准与行业数字化的必然性

·第一节·
企业增长的衡量标准

特殊的经营模式，使企业级 SaaS 在产品、销售、市场营销、客户成功等方面更具挑战。这就需要企业监测正确的数据指标，搭建完善的数据指标体系，作出由数据驱动增长的正确决策。

Salesforce、HubSpot 等成功的 B2B 上市公司从产品、销售、市场营销、客户成功及公司整体 5 方面归纳整理了企业级 SaaS 增长的 16 个关键指标。

一、市场营销层面的指标

（一）独立访客量

独立访客量指访问官网或其他 Web 资源的独立身份用户数量，无论某人访问多少次，都应被视为一个独立访客（注：在每次都使用相同的设备，并且不清除访问记录的情况下）。虽然仅凭这个指标并不能获取很多信息，但可以很好地反映受众规模，衡量营销工作的整体效果。另外，通过统计不同来源的独立访客量，SaaS 企业还可以衡量不同渠道的营销效果。

除了独立访客量外，SaaS 企业也要适当关注参与度指标，像平均网站停留时间、平均访问页面、重复访问、内容下载量等。这些指标将告诉企业流量的质量与数量一样重要。

（二）注册量

对于可试用或体验的企业级 SaaS 产品及服务而言，注册量可能是最重要的指标。无论是通过活动、内容还是搜索引擎优化，SaaS 企业的目标都应该是增加注册量。

在理想状态下，客户能够自己学习产品、定期使用产品，并在其中找到足够的价值以转化为付费客户。增加注册量主要有两个方向：一是扩大流量来源；二是提高注册转化率。

（三）有效线索量

有效线索可以分为市场验证的线索（marketing qualified leads，MQL）、销售验证的线索（sales qualified leads，SQL）和产品验证的线索（product qualified leads，PQL），每家企业根据其业务的不同都会有不同的标准。

Redpoint Ventures 的风投专家托马斯·通古斯（Tomasz Tunguz）将 PQL 定义为"使用产品并达到预期效果，很有可能成为付费用户的潜在客户"。

免费增值业务模式的 PQL 是一种新型的 MQL，可以帮助 SaaS 企业预先根据产品的使用情况对潜在客户进行评估。

PQL 的评估标准一般包括使用的功能数量、在产品中花费的时间及使用频率等。

（四）线索转化率

线索转化率可以通过漏斗模型呈现。根据上一点对线索的不同定义可以生成不同层级的漏斗，由此就可以发现哪一层级出了问题，进而进行对应的优化。

一般市场营销部门关注前半段，对 MQL（或 SQL、PQL）的转化率负责；销售部门关注后半段，为有效线索转化为付费客户负责。

无论线索的转化率如何，SaaS 企业都要确保根据不同的用户分群计算。线索转化率是评估获客工作的一项基准，而它的提高将直接增加 SaaS 企业的收入。

（五）ROI

渠道可以分为自然流量渠道（自有媒体）和付费流量渠道 SEM。SaaS 企业的市场部门或运营部门可以通过不同渠道带来的流量、注册量、成交客户数及成交客户金额等指标衡量每个渠道的 ROI。

B2B 业务的成交链路相对较长，如果 SaaS 企业只衡量渠道的流量或注册数，那么将很容易迷失方向，因为某个渠道很有可能流量低、注册低，但成交客户却很多。

二、产品层面的指标

（一）病毒系数

口碑营销是不败之师，如果现有的客户能帮助 SaaS 企业获客，那么这些客户带来的收益将是可以成倍增长的。病毒式传播是每个 SaaS 初创企业的梦想，但这也深深依赖 SaaS 企业的产品形态。

病毒系数 $k=i$（平均每位用户发送邀请的数量）$\times conv\%$（转化为客户的被邀请者的百分比）

例如，病毒系数为 1.5，就意味着每一次注册都会带来 0.5 次额外的注册。所以，病毒系数越大，公司发展得将越迅速。

（二）活跃用户量

活跃用户指使用产品相对频繁的用户，是监测用户群体健康状况的基准。更多的用户、更频繁地使用是产品具备较高健康度的有力证明。

但是，由于不同产品的使用方式和使用频率有所差异，业内目前还不存在衡量某种使用状况好坏的通用方法。换句话说，每家公司都必须自行定义活跃用户：

用户使用了某功能吗？

用户是否以特定频率使用某些功能？

是否必须使用某种组合功能的用户才算活跃用户？

这些问题没有标准答案，每家公司都是不一样的。相对通用的标准是当用户执行某些操作会带来不可忽视的价值时，就可以将其定义为活跃用户。

（三）客户留存率

很显然，很多 SaaS 企业都希望开发一款客户喜欢并持续使用的产品。如果客户不再使用企业的产品，那么也就意味着断约。客户留存率表示在一段时间内继续使用产品的客户比例，与之相对的是客户流失率。

例如，如果上个月初使用产品的客户数为 200 名，而上个月末继续使用产品的客户数为 170 名，则客户留存率为 170÷200，即 85%。

（四）NPS

NPS 是目前最流行的、衡量客户满意度和忠诚度的指标。

除此之外，NPS 还具备两个作用：①评估客户成功团队的效力；②根据反馈监测产品新版本的变动好坏与否。

NPS 是老客户向他人推荐一家公司或其产品的可能性，通常由 0~10 的数字表示。其中 0 表示用户永远不会推荐该产品；而 10 则表示用户肯定会推荐该产品。根据该值可将用户分为贬损者（NPS=0~6），被动者（NPS=7~8），推荐者（NPS=9~10）。NPS 越高越好，因为它背后是会长期使用 SaaS 企业产品的粉丝用户。

三、销售层面的指标

（一）线索生成速率

为什么要计算线索生成速率（lead velocity rate，LVR）呢？因为转化一定比例的 PQL（或 SQL）只是时间问题，而 LVR 可以很好地预测企业未来的销售业绩。

$$LVR =（本月认可线索 - 上月认可线索）/ 上月认可线索 ×100\%$$

已知线索转化率后，可以根据收入目标反向推算所需线索的数量，这个数字可能不太现实。但如果关注的是每个月增加的线索量，那么便可以在年底之前轻松实现年度收入目标。

举个例子，假设本月创建了 1 100 条线索，上个月创建了 1 000 条合格线索，那么 LVR 就是以每月 10% 的速度在增长。如果线索质量保持不变，SaaS 企业就可以使用平均销售周期预测未来几个月的新销售收入。

（二）每账户平均收入

每账户平均收入（average revenue per account，ARPA）也被称为每用户平均收入（average revenue per user，ARPU），是对每个账户收入所得平均值的统计。企业可以根据自身的业务特性按年 / 季 / 月计算。

例如，按月计算 ARPA 就等于月底时的总 MRR 除以当时的活跃客户数。一个比较好的做法是分别计算新客户和现有客户的 ARPA，以了解 ARPA 的发展情况或者新老客户行为上的差异。

四、客户成功层面的指标

（一）续费率

续费率包括客户续约率和金额续费率，是与客户成功绩效有最直接关系的指标，也是企业需要重点关注的指标。

$$续费率 = 某时间段内续费金额（或企业数）/ 某时间段内容$$
$$应续费金额（或企业数）$$

一般来说，面向中小企业、客单价较低的业务，企业更应该关注客户续约率，也就是续约的企业数；面向中大企业、客单价较高的业务，企业更应该关注金额续费率，也就是续费的金额。为了长远的发展，SaaS 企业应该避免客户续费期超过一年。

（二）客户流失率

客户流失率指在一定时间段内流失的客户比例。客户流失的原因通常是用户对产品不满意、竞争对手的报价更低等。客户流失率过大可能导致一家 SaaS 企业迅速破产。

客户流失率 = 在指定时间段流失的客户数量 / 在同一时间段开始时的付费客户的数量

一般客户流失率每年保持在 5%~7% 为正常水平。面向小型企业的 SaaS 企业可能会有更高的客户流失率；但面向大型企业的 SaaS 企业应该向更低的、甚至是负的客户流失率努力。例如，推荐客户购买附加产品或服务，帮助客户实现业务增长以购买更高级别的产品等。

五、公司整体层面的指标

（一）CAC

客户获取成本（Customer Acquisition Cost，CAC）指标经常被称为初创企业杀手，因为有很多解决了 PMF 问题的初创企业，最终失败就是因为没有找到低成本获客的方法。

CAC=（营销成本 +…+ 销售人员成本）/ 获取的客户数量

CAC 指标会因为销售模式的复杂性而有很大的差异，在美国免费增值或自助订购企业的 CAC 介于 0~200 美元之间；比较强依赖销售企业的 CAC 在 300~8 000 美元之间。

对于前者，想要降低 CAC 可以用 A 或 B 测试提高转化率，最大限度地减少完成订单所需的流程，或改进试用流程、使产品更易于使用。

（二）MRR

常规性收入是任何一家 SaaS 企业的命脉。无论 SaaS 企业的定价计划或计费周期是怎样的，MRR 都是一个可以被追踪的、单一且持续的数字。

MRR= 新增 MRR + 扩张 MRR － 收缩 MRR － 流失 MRR

假设有五个客户，其中三人每月支付 100 美元，一人每月支付 200 美元，一人每年支付 960 美元，那么本例中的 MRR 为 580 ［（3 ×100）+ 200 + 80］美元。

这些计算看似很简单，但是 SaaS 企业需要根据业务的复杂性计算多种 MRR 数据。例如，所有 SaaS 企业都会计算新增 MRR 和流失 MRR 以得到净 MRR 值。

（三）LTV

LTV 是了解客户最重要的指标之一，可以帮助 SaaS 企业制定市场营销、销售、客户成功、产品等方面的业务决策。

LTV= 每个账户的平均收入 × 客户生命周期

要计算 LTV，首先必须计算客户的生命周期。如果每月客户流失率为 5%，则客户生命周期为 20 个月（1 / 0.05）；如果每年客户流失率为 25%，则客户生命周期为四年（1 / 0.25）。

客户流失会对 LTV 产生直接影响，如果可以将流失率减半，那么 LTV 将会翻倍。

在判断 SaaS 业务模式的可行性时，LTV 也是一个重要指标。在可行的 SaaS 企业运行或其他任何形式的常规性收入模型中，LTV 应该为 CAC 的三倍左右。

行业 SaaS 与垂直 SaaS

一、垂直SaaS与通用SaaS

SaaS 首次被提出时就被赋予了降本增效的使命，而如今 SaaS 产品或服务被广泛落地到各行各业，开始承担着中小微型企业数字化转型的使命。从分类来看，SaaS 分发模型可以分为两种主要类型：垂直 SaaS 与通用 SaaS（表 9-1）。

表 9-1　垂直 SaaS 与通用 SaaS 对比

垂直 SaaS 的优点	通用 SaaS 的优点
提供更好的和行业特定的集成	更具成本效益
为某一行业量身定制的产品，保证更高的转化率和更高的投资回报	多个行业带来更多增长机会
更小、更可靠的潜在客户群意味着更低的 CAC 和更多的口口相传	提供更好的协作
行业专家的宝贵见解增长企业的行业经验	
更好且有针对性的升级和可扩展性	

垂直 SaaS 是针对特殊细分市场的软件解决方案。例如，医疗保健或食品服务等行业需要一种产品满足其特定需求。又如，患者预约安排软件或酒店餐厅管理软件。垂直 SaaS 企业需要关注这一特定需求并开发 SaaS 产品以满足该特定行业的需求。垂直 SaaS 的代表企业有美国的金融服务提供商 Riskalyze，国内的财税 SaaS 分贝通、SCRM 尘锋、卫瓴科技等。

垂直 SaaS 是一种分布式模型，旨在满足特定行业或企业的需求。

垂直 SaaS 解决方案都是由行业专家构建，他们对行业特定问题及如何解决这些问题拥有多年的洞察力（行业知识）。例如，尘锋是一家面向企业微信的 CRM 和内容管理解决方案提供商，在不到三年的时间里从零增长到 2 亿元年收入（2021 年）。

与垂直 SaaS 不同，通用 SaaS 是另外一种分发模式，其产品可以满足广泛的行业需求。最简单的例子是企业微信、飞书、钉钉，这些都是针对各类型企业的通信协作应用软件。虽然这些软件的核心除企业内部沟通之外没有其他太多的附加功能，但它并不局限于任何行业，任何企业都可以使用。例如，ERP 软件金蝶、用友；CRM 软件 Salesforce、纷享销客等。

通用 SaaS 比垂直 SaaS 存在的时间更长，是一个广阔的市场，其市场也更难饱和。然而，由于它已经存在了很长时间，主要的横向市场已经拥有了巨大品牌影响力和客户忠诚度的参与者，因此，新企业很难进入这些市场。

另外，垂直 SaaS 相对来说更新且具有强优势，它了解精通行业特定的挑战和问题，并以此提供通用 SaaS 产品无法提供的解决方案。

二、垂直型SaaS的优势

垂直 SaaS 赛道在过去十年大幅增长，随着许多行业转向数字领域，并没有放缓的迹象。垂直型 SaaS 也表现出强劲的势头，主要表现在以下方面。

（一）更好的集成

由于垂直 SaaS 提供了一个跟细分行业紧密结合的产品，因此企业可以完全构建和实施与产品的原生集成。通过这种方式，垂直 SaaS 企业能够提供未列入通用 SaaS 集成列表的行业特定功能模块。该企业还可以根据用户的需求开发更新的功能模块，因为它们可以完全应对特定行业的细分部分。

（二）更高的投资回报

由于产品针对的是较小的市场群体，因此企业通常需要在开发工作开始之前进行调查和研究。这将使企业的行业专家更容易找到较细的业务流程问题并解决它们。这种对目标市场的清晰视角和量身定制的产品可以更少的资源转化更多的潜在客户，从而保证投资者或创业者的投资获得更高的回报。

当然，这一切都是基于企业对用户行业经验的深度决定的。

（三）降低获客成本

细分行业使 SaaS 企业容易了解该行业的需求并缩小潜在客户范围。而更小、更可靠的潜在客户群可确保企业在营销和追逐潜在客户上花费更少，且使目标更加精准，再加上口碑在利基行业具备效果的事实，意味着垂直 SaaS 还增加了个人推荐的机会并降低了客户获取成本。

（四）领先竞争对手

由于垂直 SaaS 较新，很少有已经成熟的通用行业 SaaS 服务商会探索特定行业的解决方案。与更成熟的通用 SaaS 市场不同，此时推出垂直 SaaS 产品或服务可以领先于其他竞争对手。垂直 SaaS 企业一般都与行业专家密切合作，以期更加高效地获取有关行业需求和内部运作的知识。产品设计也可以考虑到未来的变化，因为一个细分行业在特定时间内的改变是有限且容易被预判的。

（五）升级和可扩展性

借助垂直 SaaS 解决方案，企业可以更好地了解行业周期。因此，企业的基础架构会自动扩展以适应上下周期，而不会在跟踪、监控和支持上浪费重要的成本资源。企业还可以通过云计算技术无缝改善、确保频繁的软件迭代，从而实现持续、快速的创新。

三、垂直型SaaS的挑战

但是实际来说，没有一种商业模式是不具备挑战性的，垂直 SaaS 也是一样。虽然垂直 SaaS 相比通用 SaaS 有一些好处，但它所面对的挑战也是独一无二的。

（一）细分行业天花板

就转化率而言，瞄准利基行业是一种可行的选择，但主流行业的用户数量和规模都是远远超过多数细分行业的，小型行业往往只有有限的基数，这会让企业产生一系列不利影响。

（二）抵制改变

潜在的客户很有可能已经将使用广泛的通用型 SaaS 工具作为他们的业务解决方案。说服他们转向垂直 SaaS 产品或服务可能具备挑战性，因为垂直 SaaS 产品或服务最大的劣势在于其根本无法提供大型通用企业及其产品可以提供的功能。这会导致用户将切换视为对当前产品的降级。

从数据上看，拥有通用 SaaS 模式的企业似乎占据了上风，因为它们的产品不仅限于单一行业或公司。由于它们有更好的机会接触到更高比例的市场，因此拥有可能做大做强的必要条件。但这同时也带来了许多竞争因素。

企业能想到的每个主要应用程序都有更便宜甚至免费的替代方案。例如，许多设计师更喜欢使用 Inkscape 而不是 Adobe 云服务，因为它是免费且开源的，并且在用户的操作系统上没有那么重。

另外，垂直 SaaS 是一个相对较新的市场。没有太多的行业探索过特定于利基市场的解决方案，且垂直 SaaS 的好处是通用 SaaS 所没有的。然而，比较起来也并不容易，对于垂直 SaaS 产品或服务而言，尽管行业看起来很小，但通常很难或有时几乎不可能在不牺牲通用 SaaS 产品或服务的某些特性和功能的情况下找到主流产品的完美替代品。尽管存在这些挑战，但垂直 SaaS 行业依旧正在崛起。

2020 年全球新冠疫情导致企业生存和发展极其艰难。许多企业因此倒闭，员工被解雇。很多人都在家中办公，这引发了对基于云的 SaaS 解决方案的需求。Zoom、Microsoft-Team、腾讯会议就是在此期间被推广并且成为人们居家办公生活不可或缺的一部分。

根据垂直 SaaS 研究平台 Fractal Software 进行的一项研究，Fractal Vertical SaaS Index 的市值从 2020 年 3 月的 1 789 亿美元增加到 2021 年第三季度末的 4 414 亿美元，在大约 18 个月内增长了 146.7%。其中 525 亿美元来自新增的 5 家上市 SaaS 公司，其余 2 625 亿美元来自现有的企业升值。尽管在 2020 年略有下降，但它迅速飙升至更高的价值也表明即使在疫情期间，垂直 SaaS 市场也可以呈现出迅猛的增长趋势。

疫情教育了市场，更增强了某些行业对数字化转型的决心，垂直 SaaS 在未来大有可为。

尽管通用 SaaS 是一个成熟的市场，但由于其在横向的范围更广，行业用户众多，从数据上看其增长并没有放缓的迹象。企业在为不断增长的市场和客户提供特定的解决方案，在这过程中它们也逐渐意识到细分行业的 SaaS 解决方案带来的好处，当其产品可以与产品主导的增长业务战略相结合时，可能就会成为一个"杀手级组合"。

第三节

聚 焦 场 景

当今时代，全场景融合的数字化进程加速，层出不穷的新场景正需要被系统性地开发与设计。

SaaS 行业需要向场景而生。传统的软件销售者、解决方案集成供应商已成为粗放式发展的代名词，数字化进程面前摆着一条正确而艰难的路——不断开发新场景、融合新场景、设计新场景。软件行业需要从"一招鲜吃遍天"的销售模型中走出来，转变为更加缝隙化的努力与助力，实现属于 SaaS 企业"个性化的规模化"。

一、伴随能力：与合作伙伴一起面对C端变局

2020 年上半年可谓 SaaS 行业的高光时刻。企业内部与外部的数字化进程骤然加速，新的业务、模块、工具需求纷纷涌现，要求作为数字化转型助力者的 SaaS 企业更加敏捷地应对。

"直播+""到家服务全品类化""非接触到店"、远程协作、全民拼团……曾经的可有可无变成了司空见惯，"所有 SaaS 都要 To C"也不再只是简单的空话。因为行业内外终于理解，一个领域的技术进步、模式迭代最终都将落脚于更丰富、更极致的个性化用户场景，前面章节也提到 DTC 模式如何驱动 SaaS 增长，这些都是基于这一洞察所得。

对 C 端变化的敏感性缺失会成为 SaaS 企业持续发展的软肋，SaaS 企业需要比合作伙伴更灵活敏捷地响应 C 端消费需求、消费形态和消费精神的变化。现在业界所讲的"私域流量"其实就是帮助合作伙伴深耕用户，在伴随客户发展的过程中形成自身的迭代与更新。

当直播、拼团、到家、自提成为企业与用户连接的新方式，SaaS 企业有必要探索如何让其成为运营管理的标准行为。近几个月新一轮买菜、到家业务的涌现正是拿到了用户新生活方式的红利，许多传统、落后的场景业态只要稍微领先半步便可得到惊人回报。这种洞察用户的工作是一种长期挑战，疫情期间的 Zoom、企业微信、石墨文档等已经给出相对优秀的答案——以 To C 服务的口碑形成 SaaS 业务的采购决策转化。

一起面对 C 端从来不是简单的事。数字化用户的心智与需求正在发生深刻转变，对今天最基础的商业范式提出了全新的要求：界面更简单，运营更可视化，场景可定义。而 SaaS 企业的新竞争力是帮助合作伙伴更好地理解数字商业的运行机制、理解数字化用户的特征，让产品形态基于合作伙伴而随时改变，在新的商业环境中表现为带宽部署、直播环境搭建、视频接口增加、文档在线编辑、一键发货等。

伴随着合作伙伴与时俱进，这种"伴随能力"成为企业级服务的核心竞

争力，这恰恰是一种彼此赋能，在对合作伙伴的深度陪伴中，将形成自身产品、服务与模式的更新机制。

二、新场景开发：从"数字中台"到"场景中台"

以数字化用户和数字生活方式为洞察原点，SaaS 企业应始终不懈地理解用户需求的变化，在不断交互中证实或证伪新的场景。

丰沛、复杂的场景正是我国 SaaS 行业的机遇所在。因为企业数字化的不成熟、市场需求的多样化，更加本地化、个性化的需求为产品创造了新的机遇，不断改造着既有供需关系、效率模型和价值体系。

以 SaaS 企业纷纷发力的直播电商为例，其是更短链的用户履约体系所定义的效率模型，由人格 IP、供应链驱动，本质是以人为中心的场景融合新范式。从这样的本质理解所有的变化：优衣库开设"社区 Park"和"穿搭 App"线下体验店，苹果和三星在体验店内更加注重新的概念和数字交互，星巴克、喜茶定义了越来越细分的门店模型……场景不断被细分、打通，正是系统的数字化在支撑这样的反馈、进化与开发。

场景开发是新的商业竞争力。从"数字中台"到"场景中台"，行业人士得到的启发是要将业务共性提炼的数据还原至应用场景，再建模，设计更多新场景。

在数字化加速发展的现状下，企业自身发展通常表现为非线性的跃迁，基于新场景的敏捷响应能力成为必备能力，其中的关系在于新场景开发越多，敏捷响应能力就越强，也越能形成不确定时代的反脆弱机制。

以微盟为例，对智慧商业新场景的不断开发推动着 SaaS 服务的变革方向。随着解决方案的延展与深入，全链路数字化解决方案的智慧零售、私域直播解决方案的微盟直播、"三店一体"解决方案的智慧餐饮等都纷纷浮现，其背后所支撑的正是从数据挖掘到场景挖掘、从流程建模到场景建模、从数据可视化到场景可视化。

场景中台的逻辑在于 SaaS 业务需要结合客户具体行业、属性，探索特有的软件更新能力和场景开发能力，支撑商业模式的升级。因为"一招鲜吃遍天"的时代已经过去了，而全链路、全场景解决方案的时代则随着数字化的深入越来越表现为更加密集的场景开发，这才是"场景纪元"艰难且正确的事。

三、深耕细分场景："饱和攻击"的解决方案

由于 Salesforce 市值超过老牌公司 Oracle 这一标志性事件发生，用户价值与市场价值从未像今天这样被重视。对 SaaS 企业而言，SaaS 服务无法再是单点的、分散的局部优化，而必须是全盘的考量与部署。前期可以是单点引爆、精准切入、局部最优，但在今天不得不说，企业对系统解决方案的需求对 SaaS 行业提出了新要求。数字化要素并非孤立存在，反倒因为连接的系统性和数据的高速流动，企业需要对面对消费者的不同触点与场景，打造更立体、完整的认知与解决方案。

因为智慧商业即是每个智慧场景的不断进化，所以零售业需要运营不同渠道用户，考量借助小程序、直播、社群等形成全时全域的触达；餐饮业开始审视"非接触"的命题，以及更多潜在业务可能，自提、到店、到家、电商，每个门店还可以兼具前置仓、体验店等多重身份。

向场景而生就是要做这些特别具体、细致又困难的事情。它们往往表现为越边缘，越能成为主流；越离散，越能占据势能。不能深入行业、深入场景就无法率先形成具体的解决方案。对习惯于传统规模化部署的大企业来讲，高速流变、极度离散的场景是一次史无前例的挑战。而 SaaS 的解决方案正是不断针对层出不穷的细分且离散的新场景，以系统性方案完成"饱和攻击"。

以解决方案的"饱和攻击"匹配不确定的新场景，它可能偶尔挥霍、常常浪费、总是冗余，但依然不足以覆盖、理解用户过程中的所有变化。解决数字生活方式中每个真实、具体的问题正是时代赋予 SaaS 企业的场景和机遇。